PETRA KUNZE | CATHARINA SALAMANDER

Les meilleurs rituels pour mon enfant

THÉORIE

PRATIQUE

INDEX

LES AUTEURS

Petra Kunze a suivi des études de littérature allemande, de sociologie, d'ethnologie et de pédagogie. Elle s'est intéressée pendant ses études à la thématique des rituels. Elle est aujourd'hui auteur et éditrice indépendante. Elle est mère de deux enfants.

Catharina Salamander a été institutrice et a obtenu le diplôme de l'école Montessori. Elle a enseigné la pédagogie Montessori à de futurs instituteurs et à des étudiants. En 1992, elle a passé son diplôme de pédopsychiatre et travaille depuis dans un cabinet à Munich. Elle a trois enfants.

PRÉFACE

Toutes les cultures disposent d'un large éventail de rituels. Ces derniers accompagnent l'homme lors des différentes étapes de sa vie et l'aident à maîtriser les exigences du quotidien. Dans notre contexte culturel, nombreux sont les individus qui n'ont plus conscience des rituels qui rythment leur vie. Ils les considèrent comme dépassés et pensent qu'ils se débrouillent très bien sans, mais cela change souvent brutalement lorsque les enfants arrivent. Les petits tiennent à des habitudes qui leur sont chères, forcent leurs parents à leur lire pour la cinquième fois la même histoire avant d'aller dormir et se réjouissent longtemps à l'avance à la perspective de fêtes comme Noël, les anniversaires et Pâques, lesquelles doivent se dérouler exactement comme l'année précédente. Pour nous, en tant qu'adultes, cela est excessif : faut-il faire revivre les traditions démodées que l'on a connues chez ses parents ? Les habitudes sont-elles vraiment importantes dans notre vie ? Oui ! Car l'homme est un être d'habitudes – et les enfants surtout ont besoin de règles fiables. Ce guide vise à vous aider à répondre aux besoins naturels de vos enfants et de votre famille en matière de structure quotidienne et de sécurité. Quand vous comprendrez pourquoi, vous découvrirez vite la joie que vous procure la pratique des rituels et surtout à quel point ils enrichissent la vie avec les enfants. Vous apprendrez la signification qu'ils ont pour ces derniers et vous en découvrirez plusieurs qui sont adaptés aux situations importantes de la vie quotidienne. De plus, vous trouverez dans ce guide des informations utiles et des rituels nouveaux pour aborder les jours de fête ainsi que les moments difficiles.

Petra Kunze
Catharina Salamander

LES RITUELS, COMPAGNONS DE LA VIE

Nombreuses sont les actions, comme le fait de se lever, de travailler ou de faire la fête qui suivent des règles bien précises. Apprenez-en davantage sur les rituels et leurs pouvoirs.

Les rituels sont vieux comme le monde

Les rituels nous accompagnent toute la vie même si nous n'en sommes plus toujours conscients dans notre culture hautement civilisée. D'ailleurs, nous ne pourrions venir à bout de notre quotidien sans eux : c'est le cas pour la vie de famille, les amis, la vie professionnelle et les tâches quotidiennes. Les jours particuliers comme Noël et les anniversaires deviennent de véritables fêtes grâce aux rituels. De même, ces derniers nous permettent aussi de mieux vivre les moments difficiles.

Le terme « rituel » a longtemps été mal considéré. En effet, dans les années 1960 et 1970, les rituels étaient assimilés à des traditions vides de sens et à des coutumes religieuses ou populaires dépassées. Ils étaient donc rejetés. On a alors oublié qu'ils avaient une fonction importante. Ce n'est pas sans raison qu'ils ont accompagné les hommes de tout temps et partout.

Qu'appelle-t-on des rituels ?

Nombreux sont ceux qui associent encore aujourd'hui le mot « rituel » à des traditions vieillottes et à des habitudes ennuyeuses. Pour d'autres, il représente quelque chose de très secret ou d'archaïque, par exemple, une tribu africaine dont les membres dansent autour d'un feu pour vénérer leurs dieux. Pour d'autres encore, il est synonyme de rites religieux singuliers ou de magie noire. Pourtant quelques-uns sont bien conscients que les rituels existent dans toutes les cultures et qu'ils accompagnent naturellement chaque être humain depuis le lever le matin jusqu'à l'histoire du soir, en passant par le fait de se saluer et de se souhaiter la bonne année. Que ce soit en Australie ou en Europe, à l'âge de pierre ou bien au troisième millénaire, le fait de vivre ensemble n'est pas imaginable sans une panoplie de rituels. Sans eux, notre quotidien et la vie en collectivité seraient terriblement compliqués.

CE QUE SONT LES RITUELS

Ce qui caractérise les rituels est très simple à expliquer :

- Ils suivent un déroulement précis.
- Ils sont soumis à certaines règles ou à un schéma.
- Certains comportements sont répétés dans certaines situations.
- Les rituels sont soit pratiqués consciemment, soit intégrés de manière inconsciente à notre quotidien.
- Le déroulement d'un rituel est familier (après une phase d'adaptation).
- Le sens des rituels n'est pas logique, mais il réside dans le fait que ces derniers sont identifiés et suivis.

Les rituels structurent le quotidien

Les rituels sont en réalité une succession constante d'actions auxquelles on attribue une certaine forme. Peu importe qui décide du déroulement et de la forme : je peux décider moi-même de l'organisation du coucher et de la manière dont je fête Noël, mais je peux également reprendre de vieilles habitudes et traditions familiales. Ce qui compte, c'est d'avoir un rituel plus ou moins déterminé que je transmets à ma famille.

Plus qu'une habitude

Lors de certaines occasions – qu'elles soient particulières comme les anniversaires, ou quotidiennes comme les repas – des rituels, réguliers et identiques, ont lieu. Ils renforcent l'identité d'un être humain ou d'une collectivité, sécurisent, structurent la vie et le déroulement du quotidien et aident à l'apprentissage, ainsi qu'à surmonter les petites et les grosses crises.

Quelquefois, un rituel peut n'être qu'une habitude non réfléchie, mais il est souvent aussi conscient et bien pensé. Dans tous les cas, les rituels tirent leur pouvoir de la répétition sans laquelle notre vie serait un chaos, car les habitudes structurent et organisent le quotidien. Imaginez que vous deviez penser chaque jour à la manière dont vous procéderez pour vous laver le soir, vous déshabiller, vous coucher et vous endormir : le temps et l'énergie que cela vous demanderait ! Vous seriez occupé toute la journée par la nouvelle organisation de votre vie et il vous faudrait recommencer chaque jour. Si l'on devait penser sans arrêt aux détails d'organisation, il serait impossible d'avancer, d'évoluer et d'effectuer un travail efficace.

LES RITUELS PROCURENT DU PLAISIR

Chaque famille a des petits jeux qui se déroulent toujours de la même façon. Ils sécurisent, renforcent le sentiment d'unité et permettent de rire tous ensemble. Ces mini-rituels du quotidien surviennent souvent sans qu'on y ait pensé : donner par exemple la même réponse à un certain type de question ; en voiture, lire ou chanter toujours à haute voix et en chœur les inscriptions figurant sur les panneaux indicateurs ; quand on sonne à la porte, chantonner gaiement : « On a de la visite ! »...

Les rituels marquent notre société

Les rituels sont des liens forts, pas seulement pour les individus et pour les groupes, mais également dans le cadre d'une société. C'est ce que montrent aussi bien les manifestations impressionnantes, comme une danse indienne, que les gestes qui sont pour nous intégrés au quotidien et sans aucun caractère spectaculaire, comme se faire la bise en se saluant ou bien parler les uns avec les autres dans une même langue. Il ne s'agit alors rien d'autre que des rituels de notre propre culture.

RITES ET RIMES

Le mot « rituel » vient du latin *ritus*, qui décrit une coutume en mots, gestes ou manifestations ou bien une action accomplie conformément à des règles. Le mot français « rime » y est apparenté.

Tout change

De même que les habitudes quotidiennes, les fêtes chrétiennes qui ont marqué notre société occidentale sont des rituels. Ces dernières permettent d'ailleurs de constater clairement que le sens des rituels peut se perdre, et cela de plus en plus. Le baptême, la première communion, la confirmation et le mariage sont encore, il est vrai, pour la plupart d'entre nous des points fixes de l'existence qui fêtent la transition vers une nouvelle phase de la vie. Toutefois, ils remplissent de moins en moins leur objectif, qui est de faire prendre conscience de ce passage à la personne concernée et à son entourage, et de le faciliter parce qu'on accorde plus d'importance à la manifestation extérieure qu'à ce passage.

De même, on oublie de plus en plus l'origine de fêtes telles que Pâques et Noël qui sont censées commémorer la mort et la résurrection du Christ, ainsi que sa naissance. Ces fêtes sont organisées à grands frais, ce qui constitue du stress pour tout le monde, et de ce fait, les rituels perdent beaucoup de leur pouvoir et peuvent finir par être délaissés.

L'absence de rituels anciens éveille le besoin d'en créer de nouveaux, ce qui prouve à quel point ils sont importants pour les hommes : c'est ainsi qu'à notre époque marquée par des changements permanents, on constate le retour de rituels apparemment oubliés comme celui du solstice d'été avec les feux de la Saint Jean. On en crée de nouveaux, par exemple lors du divorce, tandis que les offres religieuses et ésotériques de toutes sortes ne cessent d'affluer.

LES RITUELS NÉGATIFS

En France, pendant la période qui a suivi la Seconde Guerre mondiale, les rituels existants ont été de plus en plus remis en question, car ils étaient associés à des traditions négatives : à des structures militaires et patriarcales qui réprimaient la liberté de penser et qui aidaient au maintien d'un État autoritaire comme le régime de Vichy. Les rituels servaient alors à créer un sentiment de peur, et la population a fini par s'en libérer avec quelques difficultés.

Quand les rituels sont limitatifs

Aussi nécessaires soient-ils, les rituels comportent certains dangers. Il est important d'en connaître les aspects négatifs pour pouvoir exploiter ceux qui sont très positifs. C'est ainsi qu'ils peuvent apparaître figés et vides de contenu. Ils font figure de clichés et d'actions mécaniques quand ils ne sont plus remis en cause et qu'on ne les applique que pour des raisons de confort ou d'angoisse. Ils peuvent alors empêcher de penser de manière personnelle et perdent ainsi leur aspect sécurisant. Les enfants ressentent ces rituels figés, la promenade obligatoire du dimanche par exemple, comme une vraie contrainte. Ces habitudes peuvent empêcher les évolutions indispensables.

Certaines personnes sont soumises à des rituels forcés. Elles se sentent contraintes de nettoyer et de laver, par exemple, ou bien de revenir plusieurs fois chez elles pour vérifier que le gaz est bien éteint (on parle de TOC, ou troubles obessionnels compulsifs).

Si le fait de taper, gronder, menacer ou punir prend un caractère rituel, cela peut avoir de fâcheuses conséquences sur les enfants. C'est le cas par exemple quand on les envoie au coin ou bien qu'on les menace de leur retirer notre affection en disant : « Si tu ne fais pas cela, je ne t'aimerai plus ». Les rituels ne doivent jamais servir à exercer un pouvoir !

Il est important que vous remettiez sans cesse en cause le sens et la fonction des rituels et que vous cherchiez à savoir s'ils correspondent toujours aux besoins des participants. Seuls ceux qui sont adaptés aux nouvelles exigences, qui sont souples et remis en cause nous aident au quotidien, enrichissent et embellissent la vie – et ce sont ceux-là seulement que nous devrions transmettre à nos enfants.

Enrichir la vie de famille

Les rituels aident la famille à trouver une unité intérieure et ce petit quelque chose qui en fait une communauté si singulière. Pour les enfants, il est donc particulièrement important qu'il y ait des rituels familiaux, lesquels les sécurisent et participent à la création de leur identité.

Les rituels aident tous les membres de la famille à définir leur appartenance à celle-ci et à grandir ensemble au sein d'une collectivité unique. En effet, ils renforcent les liens entre les personnes et créent des situations de bien-être commun. C'est pourquoi chaque famille met au point ses propres rituels au fil du temps. Ils proviennent le plus souvent des traditions familiales que le père et la mère ont connues dans leur enfance, mais aussi en grande partie de la manière dont les parents et les enfants imaginent les fêtes et les événements récurrents.

SURMONTER LA PEUR

Le moment du coucher montre bien à quel point les rituels peuvent être efficaces : beaucoup d'enfants ont peur du noir. Faites un petit jeu avec lui ou lisez-lui une histoire pour le rassurer.

Exploiter le pouvoir des rituels

Indépendamment du fait que tout le monde a besoin de rituels, ils sont pour vous, en tant que parents ou éducateurs, particulièrement précieux si vous les employez à bon escient. Exploitez leurs nombreux avantages pour faciliter et embellir la vie en commun. Ils vous permettront en effet d'imposer plus facilement des règles familiales, des limites, et d'accompagner vos enfants dans les petites et les grosses crises. Grâce à un bon rituel, le coucher ne sera pas un combat démoralisant, mais au contraire une séparation agréable et naturelle à la fin de la journée (voir pages 44 et suivantes). Votre enfant aura également plus de plaisir à passer de la couche au pot ou aux toilettes si vous utilisez un rituel adapté pendant cet apprentissage (voir pages 65 et suivantes). Il en ira de même quand vous voudrez que votre enfant se sépare de sa tétine (voir page 67). Les parents sont souvent étonnés de voir à quel point leurs enfants sont prêts à accepter les règles et les limites quand elles prennent la forme d'un rituel adapté. Il n'est pas rare que les enfants évitent aux parents de se casser la tête en mettant au point eux-mêmes des rituels très créatifs. Sachez réagir positivement si votre bambin en invente un et intégrez-le autant que possible à la vie de famille !

CE QUE PEUVENT LES RITUELS

- Éduquer la mémoire et la pensée.
- Faciliter l'apprentissage et la concentration.
- Favoriser l'autonomie.
- Faire comprendre les règles.
- Imposer des limites.
- Mettre de l'ordre et créer une continuité.
- Aider à surmonter les crises.
- Sécuriser et orienter.
- Offrir une protection.
- Donner soutien et confiance.
- Renforcer l'identité individuelle.
- Renforcer la communauté.
- Atténuer les angoisses.
- Aider à l'expression des sentiments.

Renforcer la cellule familiale

Il existe de nombreuses possibilités de trouver des rituels ou d'en inventer avec vos enfants qui pourront vous permettre d'arriver à vos fins.

> Vous pouvez reprendre des traditions : cherchez dans votre propre famille ou dans d'autres familles les classiques qui rendent de bons services depuis plusieurs générations.
> Vous pouvez inventer de nouveaux rituels en faisant participer toute la famille. Imaginez-en qui embellissent et harmonisent la vie de famille et qui n'existent que chez vous.
> Laissez vos enfants inventer des rituels : ils seront ainsi plus à même de les intégrer.
> Les rituels résultent souvent du hasard : ils proviennent du besoin de revivre continuellement une situation belle, drôle, agréable, pleine d'émotion ou confortable.
> Modifiez les rituels jusqu'à ce qu'ils plaisent à tous les participants. Souvent un petit changement permet de faire accepter un rituel qui n'était pas apprécié.
> Améliorez sans cesse les rituels existants pour les faire évoluer avec vos enfants et votre situation familiale.

Des aides précieuses à l'éducation

L'exemple de l'éducation antiautoritaire des années 1960 et 1970 est la preuve que la tentative d'envoyer par-dessus bord les règles, les rituels et les traditions familiales a échoué. Dans les années 1960, on a assimilé les rituels à des traditions irréfléchies : on pensait à l'époque qu'ils étaient bons pour les gens superstitieux ou religieux, mais qu'ils n'avaient pas leur place dans les familles. Cette « libération » a signifié pour beaucoup d'enfants un renoncement forcé aux règles et aux structures qui les sécurisaient : ils ont été éduqués de manière antiautoritaire et n'ont pu apprendre aucune limite ni aucun des comportements de base.

IMPORTANT

Renoncer sciemment aux rituels bride le comportement, car la liberté personnelle est très liée à une base solide.

CHANGEMENT CONSTANT

Les enfants grandissent, la vie change – et les rituels doivent être constamment adaptés aux besoins de toute la famille.

Stimuler plutôt que brimer

Les rituels positifs ne briment pas les enfants : ils favorisent au contraire considérablement leur développement. Ils sont propices à leur autonomie et à leur évolution, forment la faculté de penser et le sens de l'ordre, aident à surmonter les crises et permettent de se référer à certaines valeurs. Ils sécurisent et donnent confiance. En outre, ils aident les enfants à construire leur identité. Ils structurent la vie, facilitent même l'apprentissage et permettent aux jeunes d'apprendre à surmonter leurs angoisses.

Les rituels expriment nombre de leurs aspects positifs dans le cadre de l'éducation. Ceux-là sont multiples et peuvent être particulièrement efficaces quand il s'agit de relever des défis pédagogiques difficiles : fixer des limites, communiquer des valeurs et imposer des règles en douceur, sans punir ni blesser.

Ritualiser les règles et les limites

Le quotidien d'une famille consiste avant tout à organiser la vie en communauté. Pour cela, il existe toute une série de règles qui facilitent la vie en commun et qui la rendent agréable à tout le monde. Communiquer ces règles et les limites qui y sont liées fait partie d'un processus permanent.

Moins de stress pour les éducateurs

Il arrive que les parents perdent pied quand ils veulent enseigner à leurs enfants quelques règles et limites dont ces derniers ne veulent pas entendre parler. Cela peut avoir différentes causes, mais une chose est sûre : lorsque vous transformez les règles en rituels, elles seront plus facilement acceptées – surtout si vous faites participer vos enfants activement. Vous trouverez de nombreuses idées dans les chapitres suivants.

Pour que les règles ritualisées fonctionnent, il vous faut avoir conscience de quelques principes. Nous vous les avons résumés dans l'encadré de la page suivante.

COMMENT RITUALISER LES RÈGLES

- **Quel est l'objectif du rituel ?** Avant d'instaurer un rituel familial, posez-vous les questions suivantes : Quel objectif voulez-vous atteindre avec le rituel en question ? Votre enfant est-il capable de suivre cette règle – correspond-elle à son âge, à son stade de développement et à ses facultés ?
- **Expliquer les règles**. Expliquez toujours à votre enfant la raison pour laquelle vous instaurez une règle. S'il en comprend le sens ou si du moins il le perçoit, s'il est conscient que vous avez de bonnes raisons pour faire cela, il sera bien plus disposé à l'accepter.
- **Montrer les avantages des nouvelles règles**. Vous devriez souligner les avantages et les nécessités de certaines règles afin que votre enfant constate qu'il peut profiter lui-même de celles-ci.
- **Appliquer fermement ce qui est convenu**. Les règles n'ont de sens que si l'on s'y tient fermement. Cela signifie qu'elles sont applicables à tout le monde – même à vous, bien évidemment ! – et aussi longtemps qu'elles ne sont pas remplacées ou suspendues d'un commun accord. Il faut donc décider avec les enfants des conséquences qui en découleront si l'on ne s'y tient pas.
- **Les règles sont applicables sauf exception**. On peut suspendre les règles dans des circonstances particulières ou pour une raison bien précise. Vous devez alors bien le faire savoir.
- **Instaurer les règles ensemble**. Les règles seront d'autant plus efficaces qu'elles seront peu nombreuses et claires, mais aussi véritablement applicables. Vous aurez davantage de succès si vous les mettez au point avec l'enfant – peut-être à l'aide d'un compromis. Votre enfant s'y tiendra vraisemblablement à contrecœur, mais ne vous laissera rien passer !
- **Toujours remotiver**. Félicitez votre enfant, surtout au début, quand il se tient aux règles. Cela l'incite à respecter les accords.
- **Pas de rituels punitifs**. Les rituels ne doivent jamais être des punitions. Ils doivent toujours se référer à quelque chose de positif.

LES RITUELS DANS LE QUOTIDIEN DE L'ENFANT

Les rituels sont des véritables aides au quotidien. Ils accompagnent l'enfant au moment du réveil et du coucher, au petit-déjeuner et au dîner, quand il joue et se détend.

Les rituels de la journée

Nous vivons tous avec une multitude de rituels. Voyez le déroulement de votre journée : combien de petites actions sont répétitives ! Comment vous levez-vous, que faites-vous d'abord, comment petit-déjeunez-vous, quel chemin choisissez-vous pour aller travailler, que faites-vous quand vous rentrez à la maison ? Peut-être les habitudes vous effraient-elles. Il n'y a pourtant pas de quoi, car elles dissimulent le besoin naturel d'avoir des structures fiables et des règles au quotidien, ainsi que des traditions qu'on finit par apprécier : en bref, un besoin de sécurité.

Cela explique que les enfants aient ce besoin si fort de règles et de rituels – plus ils sont petits, plus c'est le cas. Il n'est pas toujours facile de structurer clairement la journée tout en la rendant divertissante. Dans cette tâche complexe, les rituels nous rendent bien service : ils nous communiquent ainsi qu'à nos enfants un sentiment de sécurité et de fiabilité. Ils aident à se lever le matin sans redouter la journée qui s'annonce, pleine d'incertitudes. La joie à la perspective du rituel du petit-déjeuner, de l'heure de jeu avec les parents en fin d'après-midi, de l'histoire du soir et de l'endormissement paisible après une journée bien remplie permet à l'enfant de se lever plus facilement le matin.

Bonjour !

Vous souvenez-vous de la dernière fois où vous n'avez pas entendu le réveil, que vous avez dû vous laver et vous habiller à toute vitesse et que vous vous êtes précipité hors de la maison ? Généralement, après un tel démarrage, la journée ne réserve rien de bon.

En revanche, un début de journée calme et paisible motive pour la suite. Il en va de même pour les enfants : un matin dénué de stress et accompagné de petits rituels familiers leur apporte énergie et sécurité pour vivre une nouvelle journée passionnante.

Saluer le jour

Le matin est une sorte de passage : la nuit s'achève et une nouvelle journée commence. Beaucoup d'adultes préfèrent une douce musique radiophonique pour se lever plutôt qu'un réveil bruyant. Le démarrage de la journée doit être calme ; la musique ou la voix provenant de la radio se mélange progressivement au dernier rêve avant le réveil définitif. Il en va exactement de même pour les enfants. Ils préfèrent être réveillés doucement plutôt que dans le vacarme et l'agitation. Le réveil et le lever sont déjà suffisamment pénibles – du moins pour les grands enfants, car les plus jeunes et les bébés se réveillent généralement avant les parents. Toutefois, un rituel du matin calme fait du bien aux enfants et à leurs parents fatigués.

NUIT ET JOUR

Le lever est un petit rituel de passage. Le matin, nous devons nous séparer de la nuit et entamer un nouveau jour. Dans de tels moments, les rituels sont particulièrement importants.

Rituels du lever pour les plus jeunes

Les petits rituels du matin permettent à votre enfant de commencer la journée sans stress et de la manière la plus équilibrée et la plus joyeuse possible : il peut aussi bien s'agir d'un câlin, de rire ensemble, de doux chatouillis ou d'un jeu de doigts. Peut-être votre enfant peut-il jouer le matin au lit ou bien boire le biberon dans vos bras avant de se lever. La plupart des bébés et des jeunes enfants aiment bien, quand ils sont encore au lit, écouter une mélodie familière, provenant d'une boîte à musique par exemple, qui leur permet de démarrer la journée en douceur.

Le réveil des petits et des grands enfants

Si vous travaillez tous les deux ou que votre enfant va à la crèche ou à l'école, vous devez sans doute le réveiller et le prier de se lever alors qu'il préférerait rester au lit. Pour beaucoup de parents, ce moment est particulièrement stressant. Il peut toutefois en être autrement :

- Réveillez votre enfant le plus calmement et le plus tendrement possible en lui faisant un câlin et en lui apportant un contact physique. Il peut ainsi tranquillement prendre congé de la nuit.
- Beaucoup d'enfants aiment bien, tôt le matin, venir faire un petit câlin dans le lit des parents. Ils apprécient aussi quand maman ou papa vient se glisser dans leur lit et les réveillent par des câlins, des baisers, une chanson ou un poème.

CHANSONS POUR DIRE BONJOUR

Pour réveiller votre enfant, vous pouvez lui chanter une petite chanson de votre invention, ou une petite comptine sur le thème de l'heure ou du lever, par exemple :

1,2,3
Lève-toi
4,5,6
Mets ta chemise
7,8,9
Ton pantalon neuf
10,11,12
Tes belles bottes rouges

Ou encore :
Bonjour Lundi,
Comment va Mardi ?
Très bien Mercredi.
Je viens de la part de Jeudi
Dire à Vendredi
Qu'il se prépare Samedi
Pour le voyage de Dimanche.

JEU DE DOIGTS POUR SE RÉVEILLER

Vous pouvez dire cette comptine tout en faisant les gestes indiqués en italique.

Je fais le tour de ma maison
Faire le tour du visage avec la main
J'ouvre un volet
Soulever un sourcil avec un doigt
J'ouvre l'autre volet
Soulever l'autre sourcil
Bonjour Papa !
Effleurer la paupière fermée
Bonjour Maman !
Effleurer l'autre paupière fermée
Je descends les escaliers.
Glisser le long du nez avec l'index et le majeur
Je sonne. Dring !
Dring !
Appuyer sur le bout du nez
Oh ! Il n'y a personne.
Je sonne à nouveau.
Dring ! Dring !
Appuyer à nouveau sur le bout du nez
« Entrez ! » me dit une petite voix.
Je m'essuie les pieds sur le paillasson.
Frotter son index sous le nez
Et je rentre !
Faire mine d'entrer dans la bouche

Se réveiller avec le sourire

Il n'y a rien de plus beau le matin que de se réveiller en riant. Faites donc ce petit plaisir à votre enfant pour l'aider à entamer sa journée :

- Prenez une peluche ou bien le doudou de votre bambin et laissez-le se charger du réveil en le caressant ou en le chatouillant doucement.

Donner l'envie de se lever

Si, en dépit de toutes vos tentatives, votre enfant ne veut toujours pas se lever, racontez-lui ce qu'il espère particulièrement ce jour-là, toutes les choses délicieuses qu'il va manger au petit-déjeuner ou bien les beaux vêtements qu'il pourra porter.

Vous pouvez un peu responsabiliser un enfant scolarisé. Dites-lui : « Ton réveil est le seul à sonner le matin. Tu dois donc te lever et me réveiller ». Vous pouvez par sécurité mettre votre réveil à sonner, mais seulement un peu plus tard que le sien.

Pour réussir le démarrage de la journée

Il est important pour réussir un début de journée, surtout avec un enfant, de ne pas vous lever à la dernière minute, mais au contraire un peu plus tôt pour éviter le stress et profiter de ce moment-là ! La manière dont on se sent durant la journée dépend souvent de la première heure après le lever. De plus, les rituels pour les enfants ne doivent pas être particulièrement originaux ni compliqués. Pour être vraiment efficaces, il importe davantage qu'ils soient réguliers, fiables et empreints de tendresse.

S'habiller avec entrain

Si les moments de l'habillage et du déshabillage sont accompagnés de rimes, ils seront plus drôles et détendus.

> Une chansonnette classique pour aider l'enfant à s'habiller peut être : « J'ai mis mon pantalon long/J'ai mis mon pull-over vert/J'ai mis mes deux mouffles, ouf ! J'ai mis mon cache-nez/J'ai mis mon bonnet/J'ai mis mes souliers/Oh ! Je voudrais être un chat qui ne s'habille pas ! »

UN CONSEIL ASTUCIEUX

En fabriquant une horloge de « l'humeur », vous pourrez instaurer un rituel très particulier : découpez une rondelle de carton. Collez ou dessinez à la place des chiffres douze visages qui expriment clairement des sentiments différents : triste, drôle, heureux, satisfait, ennuyeux, coléreux... Fixez au centre de l'horloge une pince à linge en guise d'aiguille, que votre enfant pourra placer au fil de la journée sur son humeur du moment. Ce jeu est très amusant. De plus, il permettra à votre bambin de mieux connaître et exprimer ses sentiments. Et pourquoi ne devinerait-il pas votre humeur à vous ? Vous pouvez en effet fabriquer une horloge pour chacun des membres de la famille et les accrocher dans la cuisine, par exemple.

La toilette dans la joie

Vous pouvez faire beaucoup pour que votre enfant développe une perception positive de son corps : montrez-lui que les soins du corps procurent un certain plaisir. Plus vous instaurerez tôt des rituels ludiques dans ce domaine, plus vous obtiendrez rapidement des résultats. Si la toilette et le brossage des dents font partie des rituels du matin et du soir, votre enfant veillera à ce que rien ne soit oublié. En âge préscolaire, il peut sans doute déjà, certains jours, se laver tout seul, étaler le dentifrice sur la brosse, se brosser les dents (vous passez derrière) et se rincer la bouche. Quand il est en âge d'aller à l'école, il peut très vite se laver et se brosser les dents tout seul.

Vous devez évidemment être prêt à faire certaines concessions car les enfants se salissent vite. Ne réagissez pas avec trop de sévérité, mais soyez posé et ferme : faites la toilette ensemble. Et cela peut être très agréable. Il importe toutefois que vous n'exagériez pas en matière d'hygiène : un enfant ne doit pas être savonné ou baigné tous les jours, sauf s'il se roule dans la boue. Et même dans ce cas, une douche rapide suffit généralement. Vous trouverez davantage d'informations sur le thème de la toilette à partir de la page 47.

LES RITUELS GRANDISSENT AVEC L'ENFANT

Plus votre enfant grandit, plus il peut prendre en charge lui-même les soins de son corps. Cela développe son autonomie et lui donne confiance en lui.

Bien lavé

Avec un peu d'imagination, la toilette et les soins du corps peuvent devenir pour vous et votre enfant des moments très joyeux :

- Pour la toilette du matin, vous pouvez trouver une chanson rigolote et un gant de toilette original. On peut se procurer des gants de toilette en forme d'animaux.
- Pour crémer votre enfant, appliquez-lui des points crème partout sur le corps comme s'il était une coccinelle et laissez-le les étaler lui-même.
- Le lavage des mains obligatoire avant le repas peut devenir un rituel amusant quand vous le faites à deux : tenez-vous debout ensemble devant le lavabo et lavez tour à tour toutes les mains avec beaucoup d'eau et de savon, d'abord lentement puis de plus en plus vite.

Le repas :
un plaisir pour tous

Le fait de manger est bien plus qu'un besoin fondamental : c'est un acte de sollicitude, d'affection et de satisfaction des plaisirs. Mais il peut remplacer tôt des besoins non satisfaits : si un bébé prend le sein ou le biberon pas seulement pour apaiser sa faim, mais également pour être consolé, apaisé ou pour que son attention soit détournée, il peut résulter de ce rituel négatif une habitude susceptible de se transformer ultérieurement en trouble alimentaire. Certaines règles et de jolis rituels sont donc indispensables dès le début en la matière.

Le petit-déjeuner familial

Le petit-déjeuner est pour beaucoup de familles le premier rendez-vous de la journée. Quand on mange ensemble, il est possible de raconter la nuit passée, les rêves particulièrement beaux ou le fait qu'on s'est réveillé et levé en plein milieu de la nuit. On peut planifier la journée qui s'annonce, et chacun a la possibilité d'expliquer ses attentes. Un échange important a donc lieu à ce moment-là, même si les membres de la famille suivent ensuite des chemins différents. La plupart des enfants ont besoin de relater leurs rêves tourmentés, les conflits latents ou l'évaluation scolaire prévue le jour même. Cela les soulage beaucoup et leur facilite souvent notablement le démarrage de la journée.

Les gros dormeurs ont aussi des droits !

Les rituels doivent correspondre aux besoins des enfants comme des parents. Aussi agréables soient-ils, personne ne doit se sentir contraint ! Les gros dormeurs se comptent aussi bien parmi les adultes que les enfants. Il est possible que votre bambin ne soit pas très présent le matin et n'ait pas envie de raconter quoi que ce soit : il ne faut surtout pas le forcer, ni le matin, ni le soir au moment du dîner !

Sachez en tant que parent que si vous commencez la journée avec optimisme et que vous allez avec assurance au-devant des défis et des contraintes, votre enfant le sentira. Cela n'a de sens que si vous êtes authentique. Les petits ont de fines antennes. Ils remarquent tout de suite si on leur donne le change. Il est donc normal que vous renonciez au rituel du petit-déjeuner si vous êtes tourmenté et que vous n'avez envie ni de vous lever plus tôt ni de vous activer autant. Il y a toujours la possibilité d'organiser un petit-déjeuner (tardif) agréable le dimanche.

LE MOMENT DE PAPA

Dans certaines familles, le petit-déjeuner est quasiment le seul moment de la semaine où les enfants voient leur papa, parce que celui-ci rentre tard le soir. Dans ce cas, il peut devenir un rendez-vous fixe.

UN CONSEIL ASTUCIEUX

« Je te donne quelque chose » : quand votre enfant se prépare à une journée particulièrement stressante ou que la séparation d'avec vous lui paraît difficile, aidez-le avec un petit rituel. Lors du petit-déjeuner, posez à sa place un petit objet qui vous appartient : il peut s'agir d'un bijou, d'un foulard, etc. Votre enfant doit l'avoir avec lui sans arrêt aussi longtemps qu'il est séparé de vous. Il peut ainsi avoir un « contact » permanent avec vous et reprendre des forces pendant les moments difficiles. Peut-être voudra-t-il vous laisser un objet à lui, par exemple un doudou, qui vous fera penser à lui toute la journée.

Le rituel du petit-déjeuner

Le petit-déjeuner pris en commun doit être un moment agréable qui ressource chacun en perspective de la journée :

- Si vous avez suffisamment de temps, vous pouvez acheter une baguette fraîche à la boulangerie.
- Chacun boit dans sa tasse préférée, s'assied à sa place habituelle et mange autant qu'il le souhaite.
- Chacun raconte ses rêves et comment il a dormi.
- Discutez des attentes du jour : parlez des interrogations écrites difficiles en perspective, mais aussi des moments agréables.
- Parlez de l'organisation de la journée et des moments que vous passerez ensemble.
- Préparez un délicieux goûter pour les enfants. Les plus grands peuvent participer ou bien le préparer eux-mêmes.
- Si votre enfant a besoin d'encouragement, cachez une petite chose sous son assiette. Cela peut être un papier sur lequel vous avez écrit un message tendre ou un centime porte-bonheur.

Un bon repas préparé en commun

Les rituels culinaires communs sont à de nombreux titres très précieux : ils développent la débrouillardise et l'esprit pratique de l'enfant et proposent également des expériences sensuelles. En effet, la cuisine est l'endroit de la maison qui fait le mieux travailler les sens : on y sent de multiples odeurs, on y voit une quantité de choses, on entend des bruits intéressants, on touche de nombreux objets et, pour finir, on y fait des expériences délicieuses. Par ailleurs, cuisiner ensemble renforce l'unité familiale. De plus, l'enfant gagne en conscience de sa propre valeur parce qu'il participe à la réussite du repas.

Un vrai travail manuel

Les enfants adorent pétrir la pâte : c'est une expérience sensitive qui développe la motricité. Elle aboutit à un résultat qui a du goût ou bien, dans le cas de la pâte à sel, qui peut être créatif. De plus, un morceau de pâte vient en aide à une mauvaise tête : on peut très facilement y passer sa colère (voir aussi page 71).

Les premiers essais tout seul

Si votre enfant participe beaucoup à la préparation des repas, il aura vite envie de s'y mettre seul. Il existe de nombreuses recettes que les petits peuvent réaliser sans problème. Dans les livres de cuisine pour enfants, vous trouverez une multitude de plats à cuisiner ou de gâteaux à préparer. Vous pouvez peut-être le nommer chef cuisinier une fois par semaine ou par mois. Il pourra ensuite servir son plat aux membres de la famille qui y goûteront tous.

CONSEIL : La pâte brisée pour faire des formes

La pâte brisée se prête particulièrement bien aux formes. Votre enfant peut faire par exemple des petits personnages qui se mangent. La recette est la suivante : Mélanger rapidement 200 g de farine, 1 œuf, 100 g de sucre, 1 sachet de sucre vanillé et 70 g de beurre froid. Bien pétrir. Laisser la pâte en boule reposer 2 heures au réfrigérateur dans une feuille d'aluminium, puis couper de petits morceaux pour en faire des serpents, des lettres et des chiffres. Enfourner à 200 °C et faire cuire 10-15 minutes. Décorer.

UN PLAISIR DOUBLE
Quand ils peuvent aider dans la cuisine ou mettre la table, les enfants se régalent deux fois plus.

Aujourd'hui, on cuisine !

Entre le chef et les aides, on a besoin de beaucoup de monde en cuisine. Il suffit de quelques accessoires et préparations pour pouvoir se lancer.

- Une toque blanche et un tablier pour le chef, un petit tablier coloré ou un torchon autour de la taille pour l'aide cuisinier, un nœud papillon pour le serveur : à chacun son rôle que l'on pourra intervertir plus tard.
- Organisez un test d'odeurs et de saveurs : laissez votre enfant, les yeux fermés, humer différentes épices, mais également des morceaux de fruits et de légumes ainsi que différents saucissons et fromages. Les reconnaît-il ou bien préfère-t-il les goûter ?
- Avec des emporte-pièce, votre enfant peut faire des formes avec de la pâte, mais aussi avec du fromage, lors d'une occasion particulière par exemple, ainsi qu'avec des rondelles de saucisson ou du pain. Il peut présenter ses œuvres sur une grande assiette. S'il le veut, il peut tartiner les tartines de pain de toute la famille.
- Avec de petites bouchées de légumes frais et des herbes aromatiques qu'il aura cueillies lui-même, votre enfant peut s'occuper de la décoration de l'entrée. Il voudra peut-être dessiner un visage ou autre chose avec les ingrédients.

Manger ensemble : un plaisir partagé

Faites un rite des repas aussi souvent que possible. Pour cela, prévoyez beaucoup de temps ensemble. Le moment où l'on mange en commun sert aussi de détente et permet de reprendre des forces. Les heures des repas doivent être un moment consacré à la famille, même si tous les membres ne sont pas présents.

Votre enfant devrait apprendre très tôt que chaque repas est un moment calme et réjouissant de rencontre avec les membres de la famille. Votre bébé peut faire cette expérience dès l'allaitement (voir à partir de la page 62). Vous pourrez ainsi lui montrer plus tard que le repas ne doit pas être avalé en quatrième vitesse. Vous pouvez souligner l'importance d'un repas en le resituant dans un cadre : une table bien décorée, avec des bougies posées dessus, permet de transformer ce moment de partage en une petite fête. Si vous disposez d'une grande table, vous pouvez la décorer au rythme des saisons (voir page 110). Accordez-vous ce luxe, et pas seulement lorsque des amis sont présents. Cela devrait également vous tenir à cœur.

Les rituels à table

Une table joliment décorée et une atmosphère agréable préservent quelquefois des comportements inadaptés, mais elles ne garantissent toutefois pas l'emploi des bonnes manières ! Le fait de bien se tenir à table fait partie d'un long processus d'apprentissage. Il faut répéter souvent les mêmes choses, et les parents se demandent quelquefois s'ils ne devraient pas laisser tomber. En ce domaine, si vous commencez tôt à instaurer des rituels à table, vous aurez plus vite de meilleurs résultats. Par ailleurs, il y a quelques règles qui sont chères aux enfants, comme le fait qu'ils puissent s'asseoir à leur place habituelle et que règne une atmosphère joyeuse et détendue. Pour cela vous pouvez faire en sorte, au début du repas, que chacun se tienne la main en récitant quelques rimes amusantes. Ces dernières doivent être simples, afin que même les plus jeunes puissent participer.

RITOURNELLE POUR SE METTRE À TABLE…

À la soupe, soupe, soupe
Au bouillon, yon, yon
La soupe à l'oseille
C'est pour les demoiselles
La soupe à l'oignon
C'est pour les garçons !

Peut-être avez-vous envie de dire un bénédicité avec vos enfants pour exprimer le fait que vous êtes heureux à la perspective de ce délicieux repas à partager avec tous les membres de la famille qui sont en bonne santé et de bonne humeur. Même si vous n'êtes pas croyant, ce peut être l'occasion d'exprimer formellement le bonheur que vous avez d'être ensemble et de souhaiter à chacun quelque chose en particulier.

BÉNÉDICITÉ

Voici l'une des prières catholiques traditionnelles : « Bénissez-nous, ô mon Dieu, ainsi que la nourriture que nous allons prendre et donnez du pain à ceux qui n'en ont pas. Nous vous rendons grâce de tous vos bienfaits. » Mais vous pouvez aussi imaginer votre propre bénédicité « laïque », par exemple celui-ci, inspiré d'un bénédicité allemand : « Chaque petite bête a eu à manger

Chaque petite fleur a eu à boire,

Nous n'avons pas été oubliés non plus,

Merci, merci (Maman/Dame Nature/Papa) pour ce repas. »

Un repas spécial

De temps en temps, peut-être une fois par semaine, vous pouvez instaurer des jeux de rôles lors des repas communs.

- Votre enfant peut éventuellement s'occuper du service : mettre la table et la débarrasser. Quand vous avez pris place en tant qu'invité, il vous demande ce que vous voulez manger, vous recommande la spécialité de la maison, prend votre commande et pour finir sert le dîner. Il n'oublie pas de vous demander à la fin du repas si vous vous êtes régalé, avant d'encaisser et de desservir.
- Changez les rôles : la fois suivante, c'est à vous de faire le service, tandis que votre enfant est l'invité. Vous êtes tantôt dans un grand restaurant, tantôt dans une pizzeria ou dans un restaurant de quartier. Vous pouvez ainsi modifier la décoration de la table en fonction du lieu.
- Vous pouvez également être des personnes qui se rencontrent pour la première fois au restaurant, se présentent poliment et discutent entre elles. Questionnez votre voisin sur sa vie et sa famille. Vous apprendrez des choses intéressantes !

Des dames raffinées et des messieurs élégants

Les jeux de rôle peuvent aider à apprendre les bonnes manières à table et à y trouver du plaisir. Si votre enfant fait comme s'il était dans un grand restaurant, il souhaitera certainement adapter son comportement. Cela fait partie du jeu. Tenir ses couverts correctement, manger en fermant la bouche, parler poliment et se tenir bien droit – tout cela devient subitement très amusant !

CONSEIL : MANGER COMME DES COCHONS

Si toutes les explications et les plus belles tables ne parviennent pas à faire acquérir les bonnes manières à vos enfants, cela n'est pas une raison pour abandonner. Faites une concession en instaurant une fois par semaine ou par mois le « jour des cochons ». Ce jour-là, chacun peut manger comme il l'entend : avec les doigts ou même sans, en faisant du bruit ou en grognant... Vous verrez qu'il n'est pas forcément nécessaire de renouveler l'expérience, car ce qui est autorisé perd rapidement de son charme et il est probable que les enfants en auront assez de voir les autres manger comme des cochons.

Des repas détendus

Pour les repas également, les rituels quotidiens permettent aux enfants d'accepter plus facilement les règles établies par leurs parents, à condition qu'elles ne soient pas trop nombreuses. Tout le monde est capable de mémoriser quelques directives claires et de s'y tenir. Faites le point sur vos attentes et sachez faire des concessions : veillez à ne pas faire de remontrances continuelles à votre enfant à table pour éviter que le repas ne se transforme en champ de bataille et que vous n'ayez tous l'appétit coupé. Abordez la question du comportement à un autre moment. Vous serez mieux entendu ainsi.

Laissez vos enfants mettre la table et la décorer avec vous. Vous pouvez même fabriquer ensemble de petits objets pour la décoration. Les enfants veulent eux aussi une atmosphère calme et joyeuse qu'ils apprécieront. Le repas n'en est que meilleur.

Il doit être convenu suffisamment tôt que tous participent à la préparation du repas, mettent la table, desservent, font la vaisselle et nettoient la table. Si vous avez plusieurs enfants, vous pouvez responsabiliser chacun un jour ou une semaine à tour de rôle. Vous pouvez aussi fabriquer un planning hebdomadaire ou bien utiliser un tableau avec des magnets que vous suspendez dans la cuisine.

CONSEIL

La salade plaira davantage à vos enfants si vous remplacez le vinaigre par du jus de citron et que vous ajoutez dans la sauce un peu de jus de pomme. Parsemez-la de graines grillées ou de noix.

Délicieux et bon pour la santé

Les parents ont, bien sûr, tous intérêt à ce que leurs enfants mangent de la nourriture saine. Or il en résulte très tôt des conflits. Les adultes peuvent se désespérer quand ils constatent que leurs enfants n'aspirent qu'à se nourrir de pâtes au Ketchup ou de saucisses avec des frites, la salade et les légumes faisant rarement partie des mets préférés des petits. Or les parents tentent généralement vainement de les leur faire apprécier…

Les légumes sont amusants !

Quelques astuces simples permettent de faire en sorte que les enfants adorent les légumes :

- Faites participer votre enfant le plus tôt possible à la cuisson et à la préparation du repas. Faites-lui tester les odeurs et les goûts (voir page 30).
- Décidez avec vos enfants de ce qu'ils vont manger. Ils se sentent pris au sérieux et considérés comme des grands quand on leur demande : « Il y a des carottes pour midi – sais-tu comment je pourrais les préparer ? ». Le petit prend une décision et sa mère s'y tient. Quand vous avez le temps, le samedi par exemple, vous pouvez même faire le marché ensemble et acheter ce que vous cuisinerez plus tard.
- Il est possible d'intégrer des légumes à certains plats favoris : en faisant par exemple des « hamburgers » croustillants avec des carottes râpées, de la farine de châtaigne (magasin bio), des oignons, du fromage blanc et des herbes aromatiques.
- Les enfants mangent généralement volontiers des légumes crus quand ils sont coupés en petits morceaux et servis avec une sauce où les tremper. Ils leur apporteront ainsi plus de vitamines A et B que s'ils sont cuits. Si vous vous arrangez pour qu'ils forment un drôle de visage dans l'assiette, votre jeune amateur de légumes ne pourra pas résister.

Des sucreries avec modération

Les sucreries constituent toujours un sujet délicat au sein de la famille. Il est en effet difficile de les interdire d'une manière générale. Un jour ou l'autre, que ce soit en maternelle ou à l'école élémentaire, votre enfant vous en réclamera forcément. Une interdiction pure et simple n'est donc pas recommandée. Aidez-le plutôt à savoir gérer les sucreries. Cela n'est pas si difficile si vous tenez compte des points suivants :

- Ne donnez de bonbons ni pour consoler, ni pour féliciter.
- Ne comblez pas les frustrations et l'ennui avec des sucreries, pas plus que le manque d'affection et d'attention.
- Il faut toutefois savoir que plus votre enfant découvrira tard les friandises, mieux ce sera, car on ne ressent pas le besoin de ce qu'on ne connaît pas.
- On peut souvent apaiser l'envie de sucré avec des fruits frais, lesquels contiennent beaucoup de fructose, très apprécié des enfants. Les parents y trouvent leur compte en raison des nombreuses vitamines. Voyez quels sont les fruits préférés de votre bambin.

CONSEIL ASTUCIEUX

Si vous donnez chaque jour à votre enfant un bonbon, il pourra satisfaire sa curiosité et éventuellement son besoin de sucré. Fabriquez ensemble un petit buffet à friandises ! Pour cela, il vous faut sept petites boîtes d'allumettes, de la colle et du papier de couleur. Collez les boîtes d'allumettes les unes au-dessus des autres, enveloppez-les du papier de couleur, et sur chaque tiroir inscrivez un jour de la semaine. Rangez dans chacun d'eux un bonbon. Votre enfant aura le droit d'ouvrir un tiroir par jour et de se régaler avec la gourmandise qu'il y trouvera. À moins que vous ne fassiez comme les parents de Finlande : ils donnent le vendredi soir à leurs enfants un sachet de friandises que ces derniers pourront consommer tout au long de la semaine.

Les rituels du temps libre

Les rituels font en sorte que la journée soit bien organisée. Les habitudes devenues familières mettent en valeur, par leur forme particulière, les événements du quotidien. En outre, elles instaurent des moments de pause dans un calendrier bien rempli – et les jeunes enfants en savent déjà quelque chose : pour développer l'oreille musicale, l'aptitude sportive et créative de leurs chérubins, les mères courent d'activité en activité. Au milieu de toute cette agitation, les enfants ont peu de répit.

Un temps pour le repos, un autre pour le jeu

Les enfants ont besoin de moments pendant lesquels ils se détendent, quitte à s'ennuyer. Ces moments de repos sont précieux, car ils sont particulièrement propices aux idées nouvelles et à la créativité, et sont une condition essentielle au développement intérieur de l'enfant. C'est seulement dans ces moments qu'il peut sentir ce qu'il veut vraiment (faire) tout au fond de lui. Il peut rester à l'écoute de ses sentiments et de ses pensées et s'occuper avec lui-même. En ayant recours à de petits rituels, vous pouvez réduire le stress du quotidien et créer des instants de repos. Les rituels sont censés surtout donner un cadre, tant au niveau du temps que du contenu, une structure et non de nouvelles contraintes en plus de toutes celles qui existent déjà. N'instaurez donc pas trop de rituels, sinon votre temps libre se transformera en stress !

Évitez de planifier trop de choses, mais arrangez-vous pour qu'il y ait des moments réguliers pour jouer et pour discuter. Vous rythmerez ainsi la journée et vous obtiendrez un bon mélange entre les activités, les jeux, la détente, les repas et les conversations.

Le temps libre

Si vous instaurez des moments précis dans la journée pendant lesquels vous jouez avec votre enfant, celui-ci acceptera plus facilement qu'il y ait des moments sans vous – parce que vous avez besoin de temps pour vous ou pour faire autre chose. Plus vous commencerez tôt, plus il l'acceptera facilement… mais seulement s'il sait que vous vous y tiendrez.

Vous pouvez mettre le réveil à sonner dans la cuisine et dire à votre enfant que vous jouerez avec lui dès que le réveil sonnera. Ou bien mettez une cassette de contes, chansons ou histoires dans sa chambre et quand elle se termine, jouez ensemble. Plus votre enfant est jeune, plus le temps d'attente doit être court : pas plus de quelques minutes pour un petit de 2 ans, mais plus d'une demi-heure pour un grand de 6 ans par exemple.

ESPACE VITAL POUR TOUT LE MONDE

Les parents aussi ont droit à un espace vital. Vous n'avez pas à vous occuper continuellement de vos enfants. Il n'y a pas de raison d'avoir mauvaise conscience quand vous prenez du temps pour vous, et encore moins quand vous alternez pauses et jeux communs en vue d'équilibrer le déroulement de la journée.

CONSEIL : UNE PETITE HEURE DE GYMNASTIQUE

Avec une heure de gymnastique – éventuellement plusieurs fois par semaine toujours au même moment, ou entre la phase de jeu et celle de rangement – accordez à votre enfant un peu d'attention. De plus, le mouvement vous fera du bien à tous les deux.

- Faire des roulades avant et arrière (à partir de 2 ans)
- Sauter à la corde
- Marcher en canard, accroupi
- Rouler sur le sol d'un côté puis de l'autre (les bras le long du corps ou bien tendus au-dessus de la tête)
- Sauter comme un pantin ou sur une jambe
- Faire la bougie (allongé sur le dos, lever les jambes et les fesses)
- Marcher sur la pointe des pieds ou sur les talons

Ranger en un rien de temps

Après avoir joué, il faut ranger, ce qui déclenche rarement l'enthousiasme général. Là encore, les petits rituels aident à adoucir les contraintes. Les enfants ont généralement un sens de l'ordre qui leur est propre : ce qui nous paraît anarchique peut avoir sa raison d'être. Vous devez le respecter dans la chambre de votre enfant. Mais si tous les jouets sont dispersés sur le sol, essayez de l'inciter à ranger de manière ludique.

- Concours de rangement : allons-nous battre aujourd'hui un nouveau record ? Le chronomètre nous le dira. À moins que la chambre ne soit finie de ranger avant la fin du CD.
- S'amuser à compter : combien d'autos se rangent sur l'étagère, combien y a-t-il de poupées et de peluches ? Comptez à la place des plus jeunes, mais vous verrez qu'ils s'y mettront vite.
- Un nouveau système d'organisation : de temps en temps, rangez ensemble tout ce avec quoi votre enfant joue le plus sur l'étagère la plus basse. À moins que vous ne classiez les jouets en fonction de leur matière : en bois, en plastique, en tissu… Vous pouvez aussi ranger les autos ensemble, de même pour les peluches et les livres. Il est aussi possible de classer les jouets par taille.
- Dans un catalogue de jouets, découpez ensemble les photos de certains que vous pouvez coller ensuite sur les boîtes correspondantes. À moins que votre enfant ne les dessine lui-même.

Pour que la télévision reste éteinte

Il existe une multitude d'alternatives pour remplacer la télévision ! Cela ne signifie pas que votre enfant ne va plus la regarder. Nous-mêmes, en tant qu'adultes, faisons souvent passer cette activité passive avant bien d'autres. Pourquoi nos enfants ne voudraient-ils pas en faire autant ?
Les spécialistes recommandent pas plus d'une demi-heure de télévision par jour pour les 4 à 7 ans, et deux jours par semaine seulement. Les 7 à 11 ans ne devraient pas la regarder plus d'une heure par jour, et les enfants à partir de 11 ans, un maximum de deux heures par jour, à condition, bien entendu, que les émissions soient adaptées à la tranche d'âge.
Vous pouvez aider vos enfants à se limiter dans ce domaine en les familiarisant le plus tard possible avec la télévision (tout en en leur servant d'exemple !) car c'est seulement si elle n'est pas allumée en permanence et que vous ciblez vraiment les émissions que vous regardez que vous pourrez attendre de vos enfants qu'ils en fassent autant. Comme pour les sucreries, il n'est pas astucieux d'interdire ; l'excès en est de même mauvais pour la santé, tandis qu'à dose modérée, la télévision peut être un vrai plaisir. Organisez également en ce domaine un rituel se référant à des règles bien précises.

DES RÈGLES IMPORTANTES

- N'utilisez pas la télévision comme une baby-sitter vous permettant d'être tranquille.
- Allumez le poste pour regarder des émissions choisies et éteignez tout de suite après.
- Limitez-vous à des programmes bien précis pour les enfants.
- Choisissez uniquement des émissions adaptées à leur tranche d'âge. Les programmes les indiquent généralement.
- Les informations ne sont pas destinées aux enfants ! Elles sont pour eux une vraie menace.
- Regardez toujours ensemble les émissions pour les enfants, afin de pouvoir répondre aux questions et en discuter.

L'ENNUI REND INTELLIGENT

Déjà, les philosophes de l'Antiquité faisaient l'éloge du temps consacré à la création : seuls ceux qui se détachent des activités quotidiennes ont le loisir de faire de nouvelles découvertes et de créer.

Des îlots de détente pour les enfants

Dans notre société, dès leur plus jeune âge, les enfants sont submergés d'émotions et d'impressions qu'ils mettent du temps à assimiler et qui les empêchent de trouver la sérénité. Les adultes, aussi bien que les plus jeunes, ont donc beaucoup de difficultés à se détendre. En plus des moments de solitude, vous pouvez instaurer des rituels de détente qui aideront votre enfant à lâcher prise et à se déconnecter d'un monde qui le sollicite énormément.

Être seul avec soi-même

Avec des jeux bien précis et peu de temps passé devant la télévision, votre enfant apprendra plus facilement à jouer et à s'occuper seul. S'il est plus âgé, planifiez un moment calme, après le déjeuner ou avant le dîner.

Il est important que vous vous y teniez et que vous en fassiez un rituel, afin que votre enfant sache s'ennuyer (voir page 37).

Au moment où vous instaurerez cette nouvelle habitude, il est très probable que votre bambin s'en plaigne avec virulence. Ne vous énervez pas et restez ferme ! Sachez que vous lui faites un cadeau qui n'a pas de prix. Nombreux sont les adultes qui ne savent pas rester seuls et qui en souffrent. Votre enfant s'y mettra vite !

CONSEIL : COURS DE DÉTENTE

Si vous voulez suivre ensemble un cours de relaxation ou apprendre des techniques de méditation, renseignez-vous auprès des associations qui en proposent. La détente musculaire progressive et le training autogène sont vivement recommandés pour les enfants, et faciles à apprendre. Vous pouvez vous aider par exemple de *Relaxation* (livre + CD) aux éditions Vigot.

Apprendre à déconnecter

- Une musique calme que l'on écoute en position couchée ou bien assis sur un siège confortable aide généralement les enfants à trouver rapidement la sérénité intérieure. Vous pouvez mettre de la musique classique orchestrale ou de chambre, des opéras pour les enfants ou bien de la musique de relaxation.
- Le fait de se balancer dans un hamac a un effet très apaisant sur les petits – tout comme sur les grands.
- Les bains ont le même effet. On peut y ajouter deux ou trois gouttes d'huile essentielle de bois de rose.
- Nombreux sont les enfants capables de déconnecter quand ils regardent calmement une bougie allumée. Le mieux est de vous asseoir ensemble devant une table sur laquelle se trouve la bougie, en atténuant légèrement la lumière de la pièce. Cela augmente la capacité de concentration et sécurise. Dans ce genre de situation, ne laissez jamais votre enfant seul !
- Beaucoup d'enfants se calment quand ils colorient un mandala. Vous trouverez une quantité de livres qui en proposent, à moins que vous ne les dessiniez vous-même avec un compas et une règle.
- Vous pouvez aussi vous allonger ensemble sur le sol ou le canapé et regarder des beaux livres (art et voyage). Il y a beaucoup de choses à voir sur les grandes illustrations et l'on peut en discuter. Par ailleurs, les plus jeunes ont généralement un accès étonnamment facile à l'art abstrait. Essayez donc !

Les rituels qui apaisent

- Les massages doux ou le fait de caresser le corps tendrement sur de grandes surfaces font partie des rituels de détente les plus agréables.
- Demandez à votre enfant de s'allonger sur le ventre et tracez sur son dos avec vos mains des motifs qu'il doit deviner : une maison, un arbre, le soleil, des figures géométriques… Vous verrez, il appréciera beaucoup.
- Quand votre enfant a du mal à se calmer, vous pouvez aussi unir vos forces : demandez-lui de s'allonger sur une couverture, tandis que chaque parent en saisit deux coins. Levez votre enfant et balancez-le doucement de part et d'autre. Pour les adultes, c'est un bon exercice d'équilibre.

CONSEIL

Le concerto brandebourgeois numéro 6 de Jean-Sébastien Bach et la musique du compositeur baroque Jean-Baptiste Lully sont particulièrement relaxants et fascinants pour les enfants.

Exercice pour se calmer

- Allongez-vous ensemble sur un tapis en écartant légèrement les bras et les jambes. Tout doit être calme autour de vous. Votre enfant doit maintenant essayer de ne pas bouger et de rester très tranquille.
- Vous pouvez l'aider en lui demandant de faire attention à sa respiration : il doit respirer doucement et observer précisément quand il aspire et expire. Montrez-lui comment vous faites pour qu'il puisse entendre le rythme de votre respiration. Sachez toutefois que les enfants respirent plus vite que les adultes. Quand il pose ses mains sur son ventre, il peut sentir l'évolution de sa respiration.
- Si votre enfant a du mal à se concentrer sur sa respiration, essayez de lui faire suivre un exercice de visualisation : « Ferme les yeux et essaye d'imaginer les nuages qui passent très doucement en haut dans le ciel. Tout est calme et nous aussi. »

Bienvenue sur l'île du repos !

Créez une île du repos : si vous vous y rendez régulièrement avec votre bambin, celui-ci attendra vraisemblablement la prochaine expédition avec impatience.

- Étendez un drap de lit sur le tapis pour faire votre îlot commun. Assombrissez un peu la pièce. Allongez-vous tête contre tête ou bien côte à côte sur le drap de lit et fermez les yeux.
- Imaginez le ciel ou bien un paysage calme. Racontez-vous mutuellement ce que vous voyez : comment les nuages se déplacent ou bien comment les collines se succèdent.
- Vous pouvez éventuellement entendre quelque chose : le léger bruit du vent dans les feuilles, le chant des oiseaux…
- Revenez ensemble dans la vie quotidienne : dites au revoir à votre îlot et promettez-vous d'y revenir bientôt. Ouvrez lentement les yeux.

CONSEIL : MASSAGE AVEC LES PIEDS

Papa et Maman ont besoin, eux aussi, d'îlots de relaxation ! Si vous vous sentez tendu ou fatigué et que vous voulez vous détendre, essayez ce massage spécial du dos. Allongez-vous à plat ventre. Votre enfant peut alors très doucement, pieds nus ou en chaussettes, marcher sur votre dos (en évitant la colonne vertébrale). N'ayez pas peur : ce massage fait beaucoup de bien !

Je me construis une grotte

Pour se retirer au calme et déconnecter, il est également possible de se construire sa propre grotte. Pour cela, il suffit de l'espace situé sous un lit surélevé que l'on ferme en accrochant des draps. On peut aussi construire une tente pour enfants, ou bien se faire une grotte avec du carton, des tables, des dossiers de chaise, un canapé, des couvertures et des draps.

- Dans la grotte, il peut y avoir une lumière tamisée produite par une petite lampe ou une lampe de poche.
- On peut rassembler des corbeilles avec toutes sortes de matériaux, comme des cailloux, des perles, des coquillages, des trouvailles personnelles, des toupies, des billes, etc., qui sollicitent les sens dans cette atmosphère calme et méditative.
- Dans l'obscurité de la grotte, on peut s'asseoir et prêter l'oreille aux bruits extérieurs : un chien aboie-t-il ? Le lave-linge est-il en route ? Papa rentre-t-il à la maison ?

Bonsoir, bonne nuit

Vous connaissez certainement ce genre de situation : votre enfant est totalement épuisé, mais quand il s'agit d'aller se coucher, il est de nouveau plein d'énergie. Il ne veut pas faire un pas en direction du lit, refuse de se brosser les dents et de se laver ainsi que de rester seul dans sa chambre. Ou bien il se relève plusieurs fois chaque soir avec des envies toujours nouvelles qu'il veut à tout prix satisfaire. Le soir, il est fréquent que les parents se lancent dans une lutte qui n'aboutit à rien.

En fait, même chez les plus jeunes, les besoins de sommeil sont très variables. Que votre enfant dorme beaucoup ou peu, vous ne pouvez rien y faire. En revanche, l'endormissement et le fait de bien dormir relèvent d'un véritable apprentissage. Plusieurs études montrent que les parents ont une forte influence sur l'aptitude de leurs enfants à s'endormir. Or, là encore, les rituels sont d'une aide précieuse pour se préparer à aller au lit, pour s'endormir et pour bien dormir. C'est ainsi que les bébés dorment mieux si leur soirée se déroule régulièrement selon un schéma familier. Toutefois, les rituels ne doivent pas allonger le temps qui précède le coucher, sous peine d'être inefficaces.

De beaux rituels du soir

Rien de mieux pour se préparer à une longue nuit calme qu'une journée riche en événements ponctuée de rituels. Il suffit pour cela de beaucoup d'activités au grand air, d'une atmosphère détendue, d'un dîner pas trop tardif et d'une soirée tranquille. Câliner, prendre le petit sur les genoux et discuter agrémente également la soirée. Ainsi votre enfant pourra-t-il être pleinement rassuré pour se préparer à la nuit.

Chez beaucoup d'enfants, les soucis de la journée et les angoisses reviennent en tête le soir quand tout est calme. Or les rituels familiers du soir les aident à chasser les préoccupations et à se préparer à dormir.

Évitez les menaces comme : « File te coucher immédiatement ! », car le fait d'aller au lit ne doit pas être vécu comme une punition, mais au contraire comme quelque chose d'agréable, de reposant et de familier.

De même, punir en supprimant le rituel du soir n'est pas une bonne idée, car il est justement particulièrement important d'achever une journée stressante dans la sérénité. Pour cela, il faut aussi que la soirée ne commence pas trop tard. Arrangez-vous pour que le passage du jour à la nuit soit apaisant et dénué de stress.

CONSEIL

Le coucher peut être exceptionnellement plus tardif, par exemple le soir de Noël ou bien quelquefois, quand il n'y a pas à d'école le lendemain et que vous avez organisé une soirée particulière. N'ayez crainte, votre enfant reprendra bien vite ses bonnes habitudes.

Les rituels classiques avant d'aller au lit

Avec le soir vient le temps de se calmer. Évitez de chahuter, ce qui surexcite les enfants. C'est pendant la journée qu'il faut se dépenser. Presque chaque famille a recours à de jolis rituels pour passer une soirée agréable et calme. En général, ils ne diffèrent pas beaucoup les uns des autres dans la mesure où les grands classiques ont fait leurs preuves.

- Pour commencer la soirée, on peut faire un jeu ensemble et éventuellement un puzzle avec les plus jeunes.
- Peut-être votre enfant fait-il un dessin, ce qui le calme et l'aide à assimiler les impressions de la journée.
- On peut également tenir un journal, que les parents – et plus tard les enfants – rédigent. Votre enfant peut y faire un dessin illustrant sa journée.
- Après le jeu, vous préparez ensemble le dîner dont vous profitez en toute sérénité (voir à partir de la page 26). Ce moment est une bonne occasion de passer la journée en revue : on peut parler des expériences, plus ou moins heureuses, mais aussi des conflits non résolus.
- Après le dîner, votre enfant peut choisir l'histoire du soir avant de se laver. S'il traîne pour aller se doucher, faites sonner un réveil pour indiquer le moment où vous lirez l'histoire ensemble. Il ne voudra vraisemblablement pas en manquer le début ni qu'elle soit trop courte !

CONSEIL : DES CD DE CHANSONS POUR LE SOIR

- En cherchant sur un moteur de recherche, vous trouverez des chansons à télécharger ou des CD à acheter, par exemple, *Poésie, comptines et chansons pour le soir* (un livre + un CD audio), ou des histoires audio.
- Vous pouvez aussi vous procurer l'incontournable *Pierre et le Loup* de Serge Prokofiev, raconté par Valérie Lemercier ou par Gérard Philippe (les versions ne manquent pas), ou télécharger l'une des innombrables versions pédagogiques sur Internet.

Le rituel du bain : plus qu'un souci de propreté

Comme le bain détend et fatigue en même temps, il est préférable de le prendre le soir. Vous pouvez par exemple prendre un long bain familial à la fin du week-end, le dimanche soir.

Se laver et prendre soin de son corps peut être une expérience agréable pour votre enfant, et un partage de tendresse avec ses parents. Les nourrissons ont un grand besoin de contacts physiques en partie apaisé par le bain et le moment du change. Pour les enfants plus âgés – de même que pour les parents – le bain est souvent aussi un grand bonheur ! Accordez-vous quelquefois ce plaisir. Il est important que vous ayez du temps devant vous et que vous soyez au calme. Vous pouvez vous baigner avec votre enfant. Prenez votre temps et profitez de cette détente et du contact physique qu'il vous procure. Faites-lui savoir que vous trouvez que son corps est beau et que vous l'acceptez tel qu'il est. N'oubliez pas l'éponge pour vous laver mutuellement, les canards en plastique… et prévoyez beaucoup de mousse.

DES MONDES SOUS-MARINS

Qu'est-ce qui vit dans votre monde sous-marin ? Des poissons ? Une étoile de mer ou un coquillage ? Des grenouilles ou des nénuphars ? Votre enfant et vous-même avez certainement d'autres idées. Imaginez les mouvements qui les décrivent et reproduisez les bruits qui sont les leurs.

Des jeux amusants pour le bain

Comment transformer le bain pris ensemble en un véritable plaisir :

- Découpez des figurines dans des éponges fines : un éléphant, un poisson, une petite fille, une fleur ou un bateau. Ces petits personnages vous permettront de vous amuser beaucoup dans l'eau et de vous savonner.
- Faites des bulles et des gargouillis avec des pailles.
- Utilisez un fouet pour battre la mousse de savon.
- Laissez se dissoudre des billes de bain (pour enfants) dans l'eau. Vous pouvez jouer avec un glaçon (d'eau colorée), avec lequel votre enfant se frictionne et qui fond lentement.
- Nommez successivement des parties du corps, éloignées les unes des autres, que votre enfant doit laver : le nez, les genoux, les oreilles, les épaules… À moins qu'il ne les fasse émerger de l'eau les unes après les autres.

Laver les cheveux sans pleurs

Le lavage des cheveux tant redouté devient vite une expérience agréable quand on y associe un petit rituel.

> Votre enfant peut jouer avec la mousse de savon dans ses cheveux et dessiner des figurines amusantes sur les petits carreaux au-dessus de la baignoire ou bien se créer des coiffures extravagantes avec ses cheveux pleins de mousse et se regarder dans le miroir.

Un massage qui fait du bien

Après le bain vient le moment de s'essuyer vigoureusement et de se crémer. Vous pouvez aussi masser votre enfant avec une huile adaptée. Il profitera encore de votre attention et de vos gestes tendres. Massez-le doucement s'il doit se calmer et qu'il est bientôt l'heure d'aller au lit. S'il se baigne longtemps avant de se coucher, vous pouvez aussi lui faire un massage qui consiste à lui pétrir le corps (évidemment pas trop fort !).

> Le massage pizza : faites semblant de préparer une pizza sur le dos de votre enfant. Pétrissez bien la pâte, étalez-la, couvrez-la de toutes sortes d'ingrédients avant de l'enfourner.

> Le massage crumble : faites semblant de préparez la pâte sur le dos de votre enfant, puis éparpillez-la sur les fruits.

> Massage météo : votre enfant perçoit sur son dos tous les changements climatiques. Parfois le soleil brille, et il fait très chaud (frotter), puis la pluie tambourine sur son dos, et enfin c'est la grêle qui se manifeste. Une tempête se lève et un ouragan déferle (frotter rapidement). Vous pouvez accompagner ce massage de musique. Choisissez par exemple la *Symphonie alpestre* de Richard Strauss.

IMPORTANT

Les câlins, les gestes tendres et le contact physique sont indispensables aux bébés et aux enfants. Vous aussi en tant que parents, vous ressentez le besoin de prendre votre enfant dans vos bras, de lui donner de l'amour, de la chaleur et de le sécuriser. Toutefois, il est important d'essayer d'identifier les besoins de votre enfant et d'y répondre… plutôt que de réagir aux vôtres. L'initiative doit toujours venir de l'enfant ! Il doit savoir que son corps est à lui seul.

Bonne nuit et dors bien !

Rien de plus agréable pour les enfants que d'être mis au lit par leurs parents (évidemment, seulement aussi longtemps qu'ils le veulent), car pour un petit, il est très différent d'être accompagné ou bien de dire bonsoir et d'aller se coucher tout seul.

Votre enfant peut évidemment préparer son lit dans le calme : chaque peluche vient retrouver la place qui lui est attribuée, de même pour l'oreiller. Cela est très important, car un nid peuplé de tous ses compagnons procure à l'enfant la sécurité dont il a besoin pour une longue nuit. Vous pouvez aussi confectionner un ciel de lit avec un grand drap que vous fixez à la tête du lit à barreaux sur une monture métallique. Vous pouvez en acheter un tout fait ou bien, si vous êtes manuel, en fabriquez un vous-même, à condition qu'il ne présente pas de danger. Plus tard, quand le lit sera plus grand, vous pourrez remplacer le ciel de lit par une moustiquaire. Réfugié à l'intérieur de sa grotte, votre enfant se sentira en sécurité.

L'histoire du soir

L'histoire est généralement incontournable. D'ailleurs, elle apaise même celui qui fait la lecture à haute voix à la fin de la journée. Il est difficile d'imaginer qu'elle passe de mode ! Ce que les enfants préfèrent encore plus, c'est qu'elle soit inventée… si vous vous en sentez capable.

Même les enfants scolarisés qui savent lire aiment bien qu'on leur fasse la lecture le soir, car ils bénéficient alors de toute l'attention de papa et de maman, et ils apprennent en outre à écouter attentivement.

L'histoire du soir ne doit en aucun cas être trop passionnante ou stimulante, et elle devrait toujours se finir bien. Beaucoup de contes ne sont pas adaptés, parce que les actions, les personnages et les lieux font souvent sur les enfants une trop forte impression.

ENCORE UNE FOIS S'IL TE PLAÎT !

Il est possible que votre enfant veuille, soir après soir, entendre toujours la même histoire. Si les adultes trouvent cela ennuyeux, ce n'est pas le cas des plus jeunes ! Votre petit auditeur sera particulièrement attentif et vous corrigera immédiatement si vous changez un seul mot.

UNE BERCEUSE POUR S'ENDORMIR

Vous pouvez chanter à votre enfant cette berceuse bien connue ;
« Dodo, l'enfant do,
L'enfant dormira bien vite
Dodo, l'enfant do,
L'enfant dormira bientôt »
Ou encore « Une chanson douce », dont vous connaissez sûrement la version d'Henri Salvador et dont voici les deux premiers couplets :

« Une chanson douce
Que me chantait ma maman
En suçant mon pouce
J'écoutais en m'endormant
Cette chanson douce
Je veux la chanter pour toi
Car ta peau est douce
Comme la mousse des bois... »

L'histoire du soir racontée autrement

- Laissez votre enfant raconter une histoire ou bien inventez-la à deux. Choisissez une peluche parmi ses compagnons nocturnes et servez-vous-en comme personnage central de l'histoire.
- Les enfants aiment entendre des histoires qui parlent d'eux et de leur petite enfance. Les récits portant sur la jeunesse de leurs parents les intéressent beaucoup aussi. Ces souvenirs familiaux peuvent se transformer en un agréable rituel du soir.
- Plus tard, votre enfant appréciera sans doute de pouvoir lire seul au lit. S'il peut éteindre la lumière lui-même, il est déjà grand !
- Petits échanges dans l'obscurité : demandez à votre enfant ce que serait la journée passée si elle était un animal : un escargot parce qu'elle était longue et un peu ennuyeuse ou un singe parce qu'elle était stressante ? Cela lui permet de réfléchir à ce qu'il a vécu. Dans un langage imagé, il lui est plus facile de raconter, surtout s'il est de nature introvertie.
- Faites savoir à votre enfant comment vous vous êtes senti quand vous l'avez grondé et à quel point vous étiez heureux de le voir vous aider. Ainsi apprendra-t-il à parler de ses sentiments.

Musique pour s'endormir

Une berceuse est une bonne manière de terminer la journée et elle fait doucement sombrer votre enfant dans le sommeil.

- En la matière, rien ne vaut la voix de papa ou de maman. Les berceuses anciennes sont basées sur une succession de sons harmoniques, qui ont un effet relaxant. Vous pouvez même calmer les bébés agités en chantant d'une voix basse et monocorde.
- Si votre enfant dispose près de son lit d'une boîte à musique (pas trop forte !), il apprendra bien vite à se tranquilliser tout seul avec la petite musique familière.
- Vous pouvez avoir recours à de la musique de méditation pour calmer les enfants particulièrement agités. Elle apaise et ralentit le pouls. Toutefois, elle ne devrait être employée qu'en cas de troubles du sommeil.

Veillez à ne pas trop en faire

Il vaudrait mieux éviter d'avoir recours à certaines aides à l'endormissement : celles qui consistent par exemple à s'allonger près de son enfant pour qu'il s'endorme ou à lui donner systématiquement le biberon au moment du coucher. Dès lors, il exigera la présence du même parent tous les soirs, ou il refusera de fermer les yeux tant qu'il n'aura pas eu son biberon, et il deviendra difficile de lui faire perdre ces habitudes. Les parents dans cette situation doivent réagir avec beaucoup de patience et de fermeté, car plus le temps passe, moins les enfants voient l'intérêt de se défaire d'une habitude qui leur est devenue très familière.

Si ces rituels astreignants existent déjà depuis longtemps chez vous, il ne vous reste plus qu'à tenter de les remplacer par de nouveaux et à faire preuve d'une grande patience. Si votre enfant est habitué au sein, au biberon ou à être dans vos bras au moment de l'endormissement, couchez-le encore éveillé dans son lit, de sorte qu'il se réveille plus tard là où il s'est endormi. Vous devrez cependant passer un certain temps près du lit pour le consoler et le câliner afin qu'il ne se sente pas abandonné.

CONSEIL

Si votre enfant se réveille la nuit, n'ayez pas recours aux rituels : ne jouez pas avec lui, n'allumez pas la grande lumière et parlez-lui tout bas pour ne pas le réveiller totalement, sinon, il ne pourra plus se rendormir.

Rassurer l'enfant

La nuit est normalement une période de calme et de repos, mais ce n'est pas le cas quand les enfants ont des angoisses, des soucis, des cauchemars et peur de rester seuls. Vous devez lui faire savoir qu'il est bien protégé, même s'il passe la nuit dans son lit et qu'il est donc séparé de vous.

De mauvais rêves ?

Un enfant commence probablement à rêver en scènes et en images à l'âge d'un an et demi. C'est seulement à partir de 6 ans qu'il comprend que ce qu'il voit, entend et vit dans ses rêves, n'existe pas vraiment, mais se passe dans sa tête et cesse après le réveil.

Quand ils sont en âge préscolaire, les enfants sont, de plus, relativement souvent tourmentés par des cauchemars. Parlez régulièrement avec le vôtre de ses rêves, par exemple au moment du petit-déjeuner (voir à partir de la page 27). Il en sera ainsi libéré et il comprendra plus vite que ce qu'il a rêvé ne correspond pas à la réalité et que le rêve cesse dès qu'il est réveillé. En outre, vous apprendrez de cette manière des choses importantes sur lui, car les belles expériences, tout comme les angoisses et les soucis, se répercutent sur le contenu de ses rêves.

Si votre enfant se réveille après un cauchemar terrible, qu'il crie et vient vous voir parce qu'il ne peut pas se rendormir, prenez-le dans vos bras et dites-lui que vous êtes là et que tout va bien. Laissez-le se calmer. S'il en a envie, il peut vous raconter son rêve. Lorsqu'il s'est enfin calmé, raccompagnez-le jusqu'à son lit et souhaitez-lui une bonne nuit.

LES CAUCHEMARS DES PETITS

Les enfants ne rêvent pas de la même manière que les adultes et ils font des cauchemars plus souvent qu'eux. Il leur arrive souvent de rêver d'animaux terrifiants. Ces cauchemars sont provoqués par des disputes avec les copains, les parents, les frères et sœurs ou le stress à l'école. Des changements plus importants, comme un déménagement ou la mort d'un animal familier, peuvent également les provoquer. La maladie, une forte fièvre et les médicaments peuvent aussi être à l'origine de nuits agitées, de même que les histoires palpitantes ou les émissions de télévision avant d'aller se coucher.

Dans le lit des parents ?

Tandis que les bébés dorment généralement dans la chambre des parents, dans leur petit berceau, les jeunes enfants devraient apprendre à s'endormir dans leur propre lit. Il est prouvé que la plupart des enfants dorment mieux quand ils passent la nuit dans leur chambre.

Beaucoup de jeunes enfants aiment bien dormir dans le lit de papa et maman, mais ces derniers voient les choses autrement. S'ils veulent profiter de leur tête-à-tête, ils devraient faire en sorte que leurs enfants ne soient pas des hôtes nocturnes permanents.

Aux yeux des jeunes enfants, le fait de dormir dans le lit des parents n'a que des avantages, car ils savourent la proximité physique. Malheureusement, ils s'y habituent très vite et il devient alors très difficile de les remettre dans leur lit et de les y faire dormir.

IMPORTANT
Le souhait de s'endormir dans le lit des parents doit toujours être exprimé par l'enfant et non par l'un des adultes.

Un besoin de proximité

Quand l'enfant connaît des phases pendant lesquelles il a peur du noir et d'être seul, l'endormissement dans le lit des parents est souvent miraculeux. Il faut toutefois se demander s'il acceptera par la suite de revenir dormir dans son propre lit.

Il suffit parfois de le laisser s'endormir dans votre lit puis de le porter dans son propre lit : en général, il n'y a aucun problème s'il se réveille par la suite. Mais si vous vous y refusez, il ne faut pas avoir mauvaise conscience : il s'agit tout de même de votre chambre à coucher et de votre sphère intime nocturne ! Vous la préserverez si vous le réconfortez la nuit dans son lit et que fermement vous ne l'acceptez pas dans le vôtre.

Vous pouvez cependant faire exception à la règle quand votre enfant, encore petit, est malade ou qu'il traverse une crise. Comme ces situations sont exceptionnelles, il les acceptera facilement – à condition que vous soyez bien clair à ce propos.

DES ÉVOLUTIONS IMPORTANTES ET DES PHASES CRITIQUES

La vie de votre enfant le confronte continuellement à de nouveaux challenges. Les rituels l'aident à maîtriser les périodes d'évolution et les situations inconnues.

Faciliter l'arrivée dans la vie

Pendant neuf mois, votre enfant a été en sécurité dans votre ventre, dans un tout petit monde sous-marin, avec une lumière tamisée, bercé par le battement régulier et apaisant de votre cœur et par les bruits atténués de l'extérieur… Pour l'aider à arriver dans notre monde bruyant, lumineux et parfois aveuglant, vous pouvez instaurer pendant la grossesse des petits rituels que vous conserverez après la naissance. Vous lui faciliterez ainsi ce passage important.

Quand un bébé arrive

Les sens de votre bébé se développent assez tôt. C'est ainsi que le battement cardiaque de la mère en tant que rythme familier est perçu pendant toute la deuxième moitié de la grossesse. De même, sa voix est transmise par les os à l'oreille interne du bébé. Certaines études indiquent qu'après leur naissance, les nouveau-nés réagissent plus vivement à leur langue maternelle qu'à une autre.

Les tout premiers rituels communs

Exploitez les facultés du bébé dans votre ventre en créant suffisamment tôt une relation avec lui. Adressez-vous à lui par la pensée, parlez souvent avec lui, câlinez-le en vous caressant le ventre et baignez-vous avec lui – comme vous le ferez après sa naissance. Ces petits rituels relaxent la maman et l'enfant et approfondissent la relation mutuelle. Le bain est particulièrement bienfaisant et décontractant pour votre bébé aussi bien avant qu'après la naissance, car l'eau dont il vient est son élément familier.

POUR LES FUTURES MAMANS

Un bain de sel marin (provenant d'un magasin bio ou de la pharmacie) apaise la peau du ventre qui est tendue et démange souvent.

Se relaxer ensemble

Dans votre ventre, le bébé participe au monde extérieur grâce à son ouïe. Il perçoit non seulement votre voix familière et la musique douce, mais également les bruits, les disputes, les musiques trépidantes et les émissions de télévision. Accordez-vous régulièrement à tous les deux un moment hors de l'agitation du quotidien pendant lequel vous vous retirez dans une oasis de repos.

Créez dès à présent un rituel de repos et de sommeil en vous relaxant chaque soir toujours à la même heure. Installez-vous là où vous allaiterez plus tard, un endroit rien que pour vous deux. Pensez alors fortement à votre bébé, parlez-lui intérieurement ou même à haute voix et caressez-vous le ventre.

STIMULATION PRÉCOCE

D'après certains spécialistes, la musique apaiserait le bébé dans le ventre de sa mère. En outre, elle favoriserait son développement et stimulerait son intelligence.

Vous pouvez lors de ce rituel faire marcher la boîte à musique que votre bébé aura près de son lit après sa naissance. D'après certaines études, ce rituel prénatal aiderait le nouveau-né à trouver rapidement le repos.

Plonger dans l'univers des sons

Écoutez une jolie musique. Votre bébé peut l'entendre à partir du sixième mois. Choisissez plutôt une musique classique douce ou de relaxation. Ces morceaux que vous aurez écoutés avant la naissance auront un effet apaisant sur votre nouveau-né. La musique de Mozart est censée tranquilliser les bébés.
Toutefois, choisissez ce qui vous fait plaisir ! Si vous n'aimez pas la musique classique, n'en remplissez pas votre étagère à CD. Ne collectionnez pas les enregistrements adaptés à la grossesse s'ils ne vous plaisent pas. Écoutez les musiques que vous appréciez. L'essentiel étant qu'elles ne soient ni trop trépidantes ni trop fortes. Si vous vous sentez bien, ce sera également le cas pour votre enfant !

Un tissu avec l'odeur de maman

Un tissu qui a bien pris votre odeur est aussi apaisant qu'une boîte à musique familière. Il permettra à votre nouveau-né de se sentir presque aussi bien que contre votre corps. Portez le tissu le plus possible pendant la grossesse. Ne le lavez pas. Ce n'est d'ailleurs pas nécessaire. Évitez le parfum.

Après la naissance, donnez à votre bébé ce tissu pour le consoler ou au moment de le coucher, puis, dès qu'il sera endormi, retirez-le du berceau pour des raisons de sécurité. Vous pouvez également emporter ce tissu quand vous êtes en voiture avec votre bébé ou quand vous voyagez ensemble. Pendant la grossesse, vous pouvez aussi imprégner votre odeur à un petit objet de consolation (voir Astuce ci-dessous).

ASTUCE

Un tissu, un oreiller, un lange en tissu : tout ce qui sent bon maman peut servir de doudou à votre bébé. Mettez l'étoffe le plus souvent possible en contact avec votre corps ou bien dormez avec pendant votre sieste. Vous pouvez aussi en faire facilement une petite poupée : enveloppez une petite pelote de laine dans un tissu de soie portant votre odeur et nouez-le bien en dessous avec de la ficelle. Un tel doudou est souvent un compagnon fidèle pendant plusieurs années : il va partout, même dans le lit, où il facilite l'endormissement. Il remplace parfois aussi la tétine parce que le bébé le tète. Utilisez de la soie ou du coton non traités.

Il ne doit porter que l'odeur de la mère ou des parents, surtout pas de parfum ni de lessive. Comme le lavage est quelquefois nécessaire, arrangez-vous pour avoir deux objets de consolation.

Bienvenue petit homme !

La naissance d'un enfant est un événement extraordinaire et évidemment une occasion importante d'instaurer un rituel de bienvenue. Traditionnellement, dans notre culture judéo-chrétienne, on fête sa venue par un baptême, avec la famille et les amis proches, ainsi que le parrain et la marraine. On organise un repas de fête après la cérémonie à l'église. Toutefois, de nos jours, on fait de moins en moins baptiser les enfants parce qu'on a tendance à s'éloigner de l'Église. Pourtant on ne devrait pas se priver d'un rituel de bienvenue quand un bébé naît. Cela exige évidemment un peu d'imagination et d'énergie pour mettre au point un rituel tout à fait personnel, car il n'existe pas vraiment encore d'alternative au baptême.

Fête de naissance

Vous avez peut-être, dans votre cercle d'amis, assisté une fois à une fête de naissance personnalisée qui vous aura donné des idées. À moins que vous ne cherchiez vous-même de jolis symboles pour souhaiter la bienvenue à votre nouveau-né. Choisissez quelque chose qui reste et qui puisse accompagner votre enfant sur le chemin de sa vie. Voici quelques conseils et suggestions pour vous aider.

- Invitez la famille, les amis et surtout beaucoup d'enfants pour faire de cette fête le premier anniversaire de votre petit. Les enfants doivent être le centre d'intérêt.
- Chacun d'eux doit faire un dessin pour le bébé. Les adultes écrivent des vœux destinés au tout-petit pour l'accompagner dans la vie dans un beau livre de naissance. Plus tard, on y collera aussi les photos.
- Vous pouvez aussi fabriquer un mobile. Fixez-y les cartes de vœux que vous avez envoyées à vos hôtes avec l'invitation – en priant ces derniers d'y ajouter un petit mot.

CONSEIL : Traces de vie

Les empreintes de main et de pied de votre bébé peuvent être un bon souvenir de ce jour particulier. Utilisez de la peinture à l'eau (en flacon ou en tube, mais pas trop froide !) et du beau papier. Si ce procédé amuse votre bébé, vous pouvez donner une empreinte à chaque invité !

- Vous pouvez également fabriquer une fleur ou une éolienne en bois, par exemple en balsa fin (bois servant au modélisme), que vous pouvez vous procurer dans des magasins de loisirs créatifs. Sur chaque pétale de fleur ou chaque aile de l'éolienne les invités écrivent leur nom et des vœux pour votre enfant. Cet objet symbolique l'accompagnera pendant des années.
- Présentez officiellement votre bébé à votre famille et à vos amis : racontez le moment où vous avez eu envie d'un enfant, comment s'est passée la grossesse et comment vous avez choisi son prénom. Dites tout ce que vous souhaitez à votre bébé. Chaque invité peut exprimer des vœux qui l'accompagneront dans la vie.
- Pour la naissance de votre enfant, plantez un petit arbre dans le jardin. Si vous n'avez pas de jardin, demandez à des proches ou à des amis s'ils vous autorisent à faire une plantation dans le leur. L'arbre de naissance poussera en même temps que votre fils ou fille. Vous pourrez aller le voir régulièrement et observer son développement. Quel bonheur d'avoir plus tard dans la vie un tronc d'arbre sur lequel s'adosser.

Période de l'allaitement

L'allaitement représente beaucoup plus que le simple fait de nourrir idéalement son bébé : il calme le nouveau-né et le satisfait, et il en va de même pour la mère. En tétant, votre nourrisson fait le plein au niveau de son estomac, mais également en terme de sécurité vitale. Il est nourri par le lait et l'amour. Cet échange est d'autant plus fort que vous vous concentrez dessus, sans téléphoner en même temps, lire ou discuter. Vous montrerez ainsi à votre bébé à quel point il est important pour vous. De plus, une fois qu'il est mis en route, l'allaitement structure le déroulement de la journée, les phases d'éveil et de sommeil.

CONSEIL
Si vous limitez le rituel autour de l'allaitement à la journée et que vous lui donnez le sein la nuit plus sobrement, votre bébé apprendra plus vite à faire la différence entre le jour et la nuit.

L'allaitement en tant que beau rituel

L'allaitement peut devenir pour vous et votre bébé un rituel particulier qui ne vous concerne que vous deux et qui se déroule toujours au même endroit, où vous profitez du calme et de la proximité, vous permettant de trouver du bonheur dans cette symbiose. Dès les premières semaines, votre nourrisson peut avoir un contact visuel très soutenu avec vous. Il vous regardera, et si vous êtes tout à lui, il en résultera une relation très forte.

Il reconnaîtra très vite l'endroit où vous l'allaitez et saura que son besoin d'amour et de nourriture sera apaisé. Il trouvera tout à fait son compte pendant ces instants qui n'appartiennent qu'à vous deux. Si vous aménagez dans la chambre de votre bébé l'endroit où vous l'allaitez, il acceptera sa chambre beaucoup plus facilement car il l'associera à quelque chose d'agréable. Cela l'aidera aussi à dormir la nuit dans son berceau.

Il vous arrivera bien sûr de nourrir votre bébé en dehors de chez vous – avec l'allaitement, la nourriture est toujours à portée de main ! Vous pourrez ainsi le réconforter dans un endroit inconnu et lui accorder toute votre affection lors de ce rituel commun. Cela vaut également si vous lui donnez le biberon.

Pour faciliter le sevrage

Il arrive souvent, et c'est compréhensible, que la mère, comme l'enfant, ait des difficultés à mettre un terme à cette symbiose que représente l'allaitement. Il faut donc procéder précautionneusement au sevrage. Cette phase marque le passage du lait maternel vers une autre nourriture. Remplacez progressivement un repas au sein par jour. Si cela est difficile, essayez d'alimenter votre bébé à l'endroit où vous l'allaitez habituellement pour ne pas modifier brutalement toutes ses habitudes.

Pendant le sevrage et par la suite, beaucoup de bébés cherchent à remplacer la tétée au sein maternel en suçant leur pouce. Vous pouvez aussi lui proposer une tétine pour qu'il puisse continuer à suçoter. Le doudou (voir Astuce page 59) rend également bien des services.

Votre bébé se déshabituera plus vite du sein s'il peut se référer à d'autres rituels familiers et sait, par exemple, que « lorsque j'ai faim et que je pleure, ma maman vient, me prend dans ses bras et me console ; puis elle s'assoit sur un siège et me donne à manger ». (Vous nourrissez ainsi votre bébé au biberon ou à la cuillère de la même manière que vous le faisiez au sein.)

Si, en dépit de toutes ces précautions, votre nourrisson a du mal à renoncer au sein, laissez tomber immédiatement les rituels qui vont avec, et allaitez-le juste pour le nourrir. Cela plaît moins aux bébés qui sont un peu plus grands. Toutefois, retrouvez l'intimité et le contact physique étroit que vous aviez avec lui au moment de l'allaitement en le câlinant beaucoup, en le prenant régulièrement dans vos bras et en jouant avec lui sur une couverture ou sur le sol.

CONSEIL : DES CÂLINS À VOLONTÉ

Vous pouvez remplacer la forte proximité et le contact physique étroit que vous aviez avec votre bébé pendant l'allaitement, par d'autres rituels consistant à le câliner : peut-être peut-il passer un peu de temps avec vous au lit le matin ou le soir à moins que vous ne créiez un rituel similaire au moment de la sieste de l'après-midi.

Aider les jeunes enfants en période de crise

Les difficultés sont nombreuses pour le jeune enfant qui doit apprendre à se séparer de la couche et de la tétine et qui est en proie à des colères soudaines pendant la phase du « non ». En peu de temps, il connaît plusieurs phases de développement qui génèrent quelquefois des crises. Les rituels sont des points de repère positifs qui sécurisent. Vous pouvez ainsi montrer à votre enfant que la plupart des habitudes persistent, même si quelques-unes sont remises en cause

De la couche au pot

Les premiers conflits entre parents et enfants ont souvent lieu au moment de l'apprentissage de la propreté. D'un côté, les parents veulent que leur enfant abandonne définitivement la couche et utilise le pot ou les toilettes et, de l'autre, le petit découvre qu'il peut aussi dire « non ! ». Cette phase a lieu pendant ce qu'on appelle la phase d'opposition (à partir de la page 68), ce qui ne facilite pas la tâche des parents. Toutefois, l'apprentissage de la propreté ne doit pas devenir un combat : le sang-froid doit être de mise. Sachez que votre enfant doit avoir atteint un certain stade de son développement avant de commencer avec le rituel du pot.

IMPORTANT

C'est seulement quand l'enfant atteint l'âge de 18 mois que son cerveau est en mesure de commander à sa vessie de se vider complètement. Les autres capacités qui l'incitent à aller aux toilettes ou sur le pot ne se développent que beaucoup plus tardivement. Donc, ne précipitez rien !

Comment réussir l'apprentissage de la propreté

Vous pouvez commencer à vous inquiéter sérieusement si votre enfant n'est pas propre à 4 ans, s'il mouille encore son lit la nuit à 6 ans, ou s'il recommence à faire pipi au lit alors qu'il a été propre pendant plusieurs semaines ou plusieurs mois. Dans ce cas, demandez conseil à votre médecin.

Vous pouvez bien sûr l'accompagner activement dans cet apprentissage. Le mieux est de ne pas exercer de pression sur lui et de ne pas exprimer d'attentes.

- Le plus simple est de guetter le moment où votre enfant commence à pousser. Chez beaucoup d'enfants, cela se produit tous les jours vers la même heure. Vous pouvez alors l'emmener dans la salle de bains et l'encourager à s'asseoir sur le pot.
- Il est également possible de lui montrer comment font les grands – car lui aussi veut certainement devenir un grand. Emmenez-le de temps en temps avec vous quand vous allez aux toilettes et disposez un pot à côté sur lequel il peut s'asseoir – mais seulement quand il est décidé !
- Peut-être votre enfant préfère-t-il aller aux toilettes pour vous imiter. Pourquoi pas ? Pour cela, vous pouvez vous procurer un rehausseur. Mais s'il ne veut pas y aller, ne le forcez pas (encore) !

NU PENDANT L'ÉTÉ

La saison chaude est particulièrement adaptée à l'apprentissage de la propreté. Quand votre enfant est nu dans le jardin ou au bord d'un lac, il sent l'urine lui couler le long des jambes et trouve généralement cela désagréable. Il viendra ensuite spontanément vers vous et demandera les toilettes. Vous pouvez poser son pot dans le jardin ou bien l'emporter dans un sac avec vous.

Les rituels inadaptés à l'apprentissage de la propreté

Ne vous investissez pas trop dans l'apprentissage de la propreté. Il faut savoir qu'il se fait généralement naturellement quand l'entourage n'y accorde pas une attention trop soutenue. Ne considérez pas les selles de votre enfant comme un cadeau que les parents attendent impatiemment : il pourrait décider de leur émission ou de leur rétention. Le pot risque alors devenir un trône sur lequel il règne. De tels rituels sont donc inadaptés.

Soyez patient

Si l'apprentissage de la propreté ne se fait pas, ne donnez pas l'impression à votre bambin qu'il ne parvient pas à répondre à vos attentes. Il pourrait abandonner ses tentatives sous le coup de la frustration, et sa confiance en lui risquerait d'être affaiblie. Ne le réprimez surtout pas s'il n'y arrive pas, mais félicitez-le dans le cas contraire, sans toutefois exagérer : « C'est très bien ! Tu es grand maintenant ! ».

Changez les habitudes

Si votre enfant ne veut aller ni sur le pot ni sur les toilettes, il se peut que ce refus dissimule autre chose. Il est possible qu'il reçoive beaucoup d'affection au moment du change et qu'il ne veuille pas perdre cette habitude. Dans ce cas, comme pour le sevrage, contentez-vous de le changer sobrement et accordez-lui à d'autres moments l'affection dont il a besoin (voir encadré page 63). Il y a fort à parier qu'il aille ensuite rapidement sur le pot.

L'adieu à la tétine

Peu d'enfants abandonnent la tétine spontanément et, de ce fait, les parents doivent généralement faire preuve d'imagination. Proposez à votre enfant un joli rituel qui lui facilitera les choses.

- Pourquoi ne pas offrir sa tétine au Père Noël, à saint Nicolas ou à la cloche de Pâques (en fonction de la saison) – en échange des cadeaux.
- Il peut construire un petit radeau de bois avec vous et le faire partir sur un plan d'eau avec la tétine.
- Il peut grimper sur un arbre et y poser sa tétine qui viendra s'ajouter à la collection de trésors de la pie voleuse. Pendant la nuit, vous échangez la tétine contre un petit cadeau que la pie aura déposé en guise de remerciement.
- Laissez la tétine s'envoler dans un ballon de baudruche – mais seulement s'il est d'accord ! Peut-être un petit ange en aura-t-il besoin ? Ou bien écrivez ensemble un petit mot destiné à celui qui la trouvera, et fixez-le au nœud du ballon.
- La petite souris (voir page 78) peut également passer la nuit pour prendre la tétine en échange d'un petit cadeau. Ces décisions doivent impérativement être prises avec votre enfant. Dans le cas contraire, il pourrait en résulter de terribles conflits !

LA COMPAGNIE DES TÉTINES

En Suède, il existe un très joli rituel pour se séparer de sa tétine. Les enfants de Stockholm et de sa région peuvent venir la déposer dans la maison des tétines située dans le parc Skansen. Les tétines s'y sentent fort bien : elles sont classées par couleur, suspendues aux arbres et mènent une vie heureuse dans leur communauté. Beaucoup de jeunes enfants se séparent ainsi de leur « totoche » (ou « Napp » comme on dit là-bas).

Les rituels de la phase d'opposition

La période qu'on appelle aussi phase du « non » met les nerfs des parents à rude épreuve, mais aussi ceux de l'enfant, car celui-ci est en plein développement et a besoin d'être accompagné. Vous pouvez l'aider au mieux en essayant de savoir pourquoi il se comporte ainsi – et réagir en conséquence. La phase du « non », également qualifiée de « préadolescence du bébé », ne doit pas forcément être une crise importante dans la vie de l'enfant, mais un moment qui permet d'évoluer tous ensemble.

Pourquoi l'enfant doit-il tenir tête

Entre 2 et 4 ans, l'enfant découvre sa propre personnalité et ses propres envies. Il dit « je » au lieu de se nommer par son prénom quand il parle de lui, et il dit aussi clairement « non ! », ce qui signifie souvent : « Non, je ne veux pas ! ». Il le dit d'ailleurs aussi même s'il est d'accord, juste pour vous signifier que s'il accepte, ce n'est pas parce qu'il y est contraint, mais parce qu'il le veut bien.

Étant donné que ce nouveau besoin d'affirmation se heurte à des résistances extérieures et est systématiquement freiné, l'enfant essaye d'imposer sa volonté. Il devient rebelle et entêté jusqu'à ce qu'il perde complètement contenance et soit sujet à un terrible accès de colère : il se roule par terre, hurle et tape, s'agite et fulmine jusqu'à parfois ne plus pouvoir respirer. Comme il n'a pas

---

L'APPRENTISSAGE DE LA PHASE DU « NON »

Pendant cette période, votre enfant doit apprendre :

- À exprimer sa volonté et à s'imposer.
- À tenir compte de ce qu'on lui dit.
- À faire des compromis.
- À gagner aussi bien que perdre.
- Qu'en s'entêtant, il n'obtiendra rien.
- Que des envies légitimes sont prises en compte quand elles sont exprimées en douceur.
- Qu'il y a des limites à ne pas dépasser.
- Qu'il existe en dehors de soi d'autres personnes avec des envies qu'il faut également respecter.

encore appris à contrôler ses sentiments (c'est pour cela qu'il traverse cette phase), il les exprime quelquefois violemment.

CONSEIL

Évitez de dire : « Tu dois... » pour ne pas déclencher d'opposition immédiate ! Au lieu de dire : « Tu dois arrêter de dessiner parce que nous allons dîner », dites plutôt : « Nous dînons maintenant ». Prévenez votre enfant suffisamment tôt : « Termine ton dessin, et après, nous dînons ».

Que faire en cas d'accès de colère ?

Pendant la phase d'opposition, votre enfant a encore plus besoin d'être compris et rassuré. La phase qu'il traverse est difficile !

> Ne le grondez pas et ne le punissez pas, car son comportement ne dissimule aucune mauvaise intention – bien que cela puisse tout à fait en avoir l'air. En réalité, il lui manque les mots pour pouvoir exprimer ses sentiments. Vous pouvez l'aider en lui disant : « Tu es très en colère parce que… »

> Le mieux est d'attendre patiemment la fin de la colère. Vous pouvez serrer votre enfant contre vous et le consoler. Quoi qu'il en soit, prenez-le toujours au sérieux.

> Soyez gentil mais ferme. Il ne s'agit en aucun cas de briser la volonté de votre enfant ! Il ne faut pas en faire une histoire de pouvoir. Demandez-vous toujours si le conflit porte bien sur une affaire précise ou bien sur le simple fait de se disputer.

ASTUCE

Tirez le meilleur parti des colères de votre enfant : discutez avec lui de la manière dont il pourra les gérer par la suite. Voyez comment vous pouvez mieux y réagir. Peut-être est-ce l'occasion d'instaurer de nouveaux rituels qui ne pourront être que très efficaces.

- Quand vous interdisez quelque chose à votre enfant, expliquez-lui clairement pourquoi, afin qu'il sache que votre décision n'est pas arbitraire. Intéressez-vous à ce dont il a envie : peut-être est-ce légitime. Ne dites pas systématiquement « non », mais imposez des limites si vous estimez que c'est nécessaire.
- Faites des compromis : c'est souvent la meilleure solution pour tous ceux qui sont impliqués. Si votre enfant peut prendre part, dans une certaine limite, à la décision, il se sentira davantage pris en considération et pourra mieux accepter le « non ». S'il peut, par exemple lors du repas ou quand il doit s'habiller, choisir parmi plusieurs propositions, il aura le sentiment d'avoir pris lui-même la décision. N'est-ce pas de cela dont il s'agit ?
- Adoptez une attitude ludique. Quand votre enfant ne veut pas que vous l'aidiez à s'habiller et à se coiffer, dites-lui : « Viens, nous allons faire comme si tu étais un poney, je te mets la couverture de laine… et puis les fers… maintenant, je te brosse le poil pour qu'il brille ». Il acceptera alors peut-être que vous l'aidiez. S'il ne veut pas être coiffé, vous pouvez jouer au coiffeur : « Tu me peignes et ensuite, ce sera à mon tour de te peigner ! ».
- Le plus important pour votre enfant est d'apprendre à gérer sa colère sans blesser les autres avec des mots ou des gestes. Il doit comprendre que la colère en soit est acceptable et qu'un autre peut en être le déclencheur, sans obligatoirement être coupable. Il s'agit davantage d'un sentiment qu'il doit maîtriser.
- Vous ne devez pas tout endurer ! Montrez-lui comment calmer sa colère : « Je comprends que tu sois en colère, mais cela ne doit pas t'empêcher d'accepter telle ou telle chose. Viens, je t'emmène dans ta chambre où tu pourras faire ce que tu veux jusqu'à ce que ta colère soit passée. »
- Après un accès de colère, il est important que vous puissiez en discuter avec lui et réfléchir à la raison qui l'a mis hors de lui. Vous constaterez qu'il pourra mieux gérer sa colère par la suite.

Digérer la colère

Chacun réagit différemment à la colère en fonction de son tempérament. Voyez les rituels qui sont le mieux adaptés au mode de fonctionnement de votre enfant.

- Pour passer sa colère, il est très bon de déchirer du papier ou des tissus. Donnez-lui de vieux magazines, quotidiens ou catalogues qu'il pourra déchirer à l'envie. Il pourra même s'emparer de plusieurs pages à la fois et en ressentira une certaine force. Les annuaires sont particulièrement adaptés, parce que pas faciles à déchirer. Cela vaut également pour les vieux vêtements et les chiffons.
- Les personnalités plus calmes et les enfants plus âgés peuvent très efficacement lutter contre l'énervement en inspirant et en expirant dix fois très lentement. Exercez-vous ensemble.
- Quand vous êtes à l'extérieur, au supermarché ou au restaurant, et que la colère monte, votre enfant peut serrer les poings très fort dans ses poches en inspirant. Quand il expire, il relâche les mains. Il recommence jusqu'à ce que la crise soit passée.
- On peut également très bien passer sa colère en pétrissant de la pâte, de l'argile ou du sable mouillé. Peut-être votre enfant modèlera-t-il un visage épouvantable duquel vous pourrez rire ensemble…
- Le sport est une excellente prévention.
- Certains enfants chassent la colère en dansant et en faisant les fous.
- Laissez votre enfant trouver ou inventer un mot magique qu'il dira quand il sentira la colère monter.
- Beaucoup d'enfants se libèrent de leur colère en frappant dans quelque chose (voir encadré). Il faut donc s'arranger pour avoir à proximité un objet qui ne blesse pas.

CONSEIL : BOXER SA COLÈRE

Il existe de nombreuses possibilités pour boxer sa colère :

- Une couette ou un oreiller
- Un pouf rempli de billes en polystyrène
- Le punching-ball vaut le coup si vous avez plusieurs enfants et si vous avez envie de vous défouler vous aussi !
- Un gros ours avec une fourrure épaisse

Les premières séparations

La plupart des enfants ne sont généralement séparés de leurs parents qu'à de rares moments pendant leur première année, ils n'ont pratiquement pas l'occasion de jouer avec d'autres, et papa ou maman est toujours là. Cela change à partir de la phase d'opposition : l'enfant développe une conscience de soi et devient de plus en plus autonome. Il veut conquérir le monde – mais d'abord à petits pas, car il n'est pas facile de se séparer de ses parents.

La séparation est douloureuse

Aussi fort son désir de liberté soit-il, votre enfant a toujours beaucoup de mal au début à se séparer de vous. Nulle part ailleurs ne se sent-il autant en sécurité qu'avec ses parents. Et s'il a peur de la séparation, c'est aussi qu'il redoute qu'on ne vienne pas le rechercher. Cette crainte s'atténue à mesure qu'il fait l'expérience qu'il peut se fier à son père et à sa mère et qu'il se sent en sécurité avec d'autres personnes. Il importe de ne pas vous séparer de lui abruptement pour la première fois quand il entre en maternelle, mais de l'avoir déjà fait auparavant (s'il n'a pas été à la crèche ou chez une nourrice).

« Au revoir, mon enfant ! »

La séparation est très difficile à vivre pour les jeunes enfants. Heureusement que peu de temps après on se retrouve toujours dans la joie. Les rituels peuvent également aider dans ce genre de situation.

Les rituels de la séparation

Prévoyez suffisamment de temps pour la séparation, mais ne l'éternisez pas. Ce moment est d'ailleurs quelquefois plus difficile à vivre pour les parents que pour les enfants, et quand ces derniers le sentent, ils sont ébranlés et s'agrippent à leur père ou à leur mère.

- Habituez-vous à des séparations courtes, par exemple quand vous avez des courses à faire ou que votre enfant part en promenade avec sa grand-mère.
- Instaurez un petit rituel : prenez votre enfant dans les bras, faites-lui un gros baiser, installez-le dans sa poussette et donnez-lui quelque chose qui vous appartient, par exemple un foulard, une pierre, une boîte ou une petite peluche que vous n'utiliserez qu'au moment des séparations. Cet objet sécurisera beaucoup votre enfant, surtout à la crèche ou en maternelle, quand il sera séparé plus longtemps de vous.

IMPORTANT

Faites en sorte que le rituel de séparation se déroule toujours de la même manière.

- Vous pouvez imaginer un rituel particulier, par exemple le baiser des Inuits qui se fait nez contre nez ou bien plusieurs bisous sur la bouche, les joues, le front, les yeux, le nez, le menton et les oreilles, mais évidemment toujours dans le même ordre !
- Ou bien vous préparez une feuille sur laquelle vous faites un dessin que vous glissez dans la poche du manteau de votre enfant. Plus tard, vous lui écrirez quelques mots. Il aura le droit de les lire uniquement quand vous serez hors de vue.

Les rituels des retrouvailles

Montrez à votre enfant que chaque séparation est suivie de retrouvailles joyeuses.

- Vous pouvez le laisser grimper dans vos bras ou bien le faire virevolter. Ensuite, il vous rend l'objet de séparation (voir page 73), dont il n'a plus besoin maintenant. Vous pouvez renouveler les bisous sur le visage, mais dans le sens inverse…
- Lors des retrouvailles, arrangez-vous pour instaurer un rituel qui sera récurrent, ce qui sécurisera suffisamment votre enfant, de même que si vous venez toujours le chercher à l'heure. La fois suivante, il pourra vous dire « au revoir ! » sans avoir peur.

La maternelle

L'entrée en maternelle (ou à la crèche) est pour beaucoup d'enfants et de parents un grand pas vers l'extérieur. Le petit est en effet destiné à passer un certain temps dans un autre environnement, avec d'autres enfants, de nouvelles personnes de référence et d'autres rituels.

Bien se préparer

Afin que ce cap ne soit pas trop brutal pour les enfants comme pour les parents, il est conseillé de bien s'y préparer. Visitez l'école maternelle ou la crèche avant d'y inscrire votre enfant, puis emmenez-le y faire un tour. Renseignez-vous sur les phases d'adaptation proposées. Les albums sur le sujet, de même que les récits des enfants plus âgés qui vous entourent, peuvent éveiller l'intérêt de votre enfant. Quand il entendra toutes les expériences passionnantes qu'il pourra y faire, il sera curieux et impatient. Achetez ensemble un petit cartable en perspective de la maternelle. Arrangez-vous pour que les premières semaines, il ne reste pas toute la journée à l'école. Faites-lui savoir que vous êtes vous-même très heureux de cette nouvelle étape et qu'il apprendra beaucoup plus de choses en maternelle qu'à la maison. De même, il découvrira la vie en collectivité et apprendra comment s'intégrer et s'affirmer au sein du groupe. Il devra apprendre à régler les conflits et deviendra progressivement plus autonome.

CONSEIL

Si cela vous est possible et que vous avez jusqu'alors gardé votre enfant à la maison avec vous, ne l'inscrivez pas en maternelle au moment ou le petit frère ou la petite sœur arrive, car cela risquerait d'intensifier sa jalousie : l'enfant plus âgé se sent exclu de ce que partagent la maman et le bébé et également délaissé. Il est préférable de vous arranger pour que ces deux phases se succèdent.

De plus, à l'école maternelle, votre enfant est particulièrement stimulé au niveau pédagogique. Il a la possibilité de bouger et de faire du sport, des activités manuelles (dessin, peinture, découpage) et de l'éveil musical. Les activités sont vraiment variées ! Et pendant la journée, l'instituteur ou l'institutrice devient pour lui une nouvelle personne de référence. Il lui accorde une importance telle que cette personne devient, après les parents, l'exemple à suivre. N'en ressentez aucune jalousie : elle n'est pas votre concurrente, mais elle enrichit considérablement la vie de votre enfant.

L'ÉCOLE MATERNELLE

Les premiers lieux d'accueil des très jeunes enfants ouvrent en France à la fin du XVIIIe siècle. Ils se développent surtout au XIXe siècle, avec la révolution industrielle, et servent d'abord à protéger les enfants des ouvrières, afin de les soustraire aux dangers de la rue. Les salles d'asile, comme on les appelle alors, prennent officiellement le nom d'écoles maternelles en 1881. Aujourd'hui, ces dernières accueillent les enfants de 3 (parfois 2) à 5 ans. Elles comprennent trois classes : la petite, la moyenne et la grande section, parfois même une très petite section pour les enfants de 2 ans. Leur fréquentation est facultative. L'école devient obligatoire à partir de 6 ans. L'école maternelle prépare aux apprentissages fondamentaux de la lecture, de l'écriture et du calcul. Elle a également pour but de socialiser les jeunes enfants.

L'école élémentaire

Beaucoup d'adultes prétendent que les choses sérieuses commencent avec l'entrée à l'école élémentaire. Cela est sans doute vrai, mais en partie seulement, car le CP conserve quelques activités ludiques. La plupart des enfants vont volontiers à l'école, du moins pendant les premières années, d'ailleurs, ils prennent l'école maternelle déjà très au sérieux.
Par ailleurs, la liberté d'action est beaucoup moins grande à l'école élémentaire, car l'enfant est soumis à des contraintes plus importantes. Il doit suivre les apprentissages pendant la journée et faire ses devoirs le soir en rentrant à la maison. Cela n'est pas forcément négatif, mais quand la pression est trop forte et que les enfants ne parviennent pas à répondre aux attentes de leurs parents, ils commencent quelquefois à ne plus avoir envie d'aller à l'école.
Heureusement, ils vivent souvent l'école comme un challenge très positif qui les stimule beaucoup. En outre, ces nouvelles responsabilités les font grandir et leur vie sociale est particulièrement riche puisqu'ils se font de nouveaux copains. L'institutrice ou l'instituteur, qui doit toutefois s'adresser à près de trente élèves à la fois, reste la personne de référence, ce qui ne lui facilite pas la tâche.

CONSEIL

Faites avec votre enfant les achats en perspective de l'entrée à l'école : achetez le cartable, les cahiers et les stylos ensemble. Votre enfant ne sera que plus impatient d'entrer en CP. À la maison, il peut organiser une petite cérémonie qui consiste à échanger ses anciennes affaires de maternelle contre les nouvelles qui lui serviront à l'école élémentaire.

Quitter l'école maternelle

Les débuts à l'école élémentaire marquent un cap important dans la vie de votre enfant. À la maternelle, il a déjà appris à être séparé de vous pendant de longues heures et à s'intégrer au groupe. Toutefois, il doit maintenant s'adapter à un nouvel environnement, faire la connaissance d'autres enfants et se préparer à de nouveaux apprentissages. Il doit laisser derrière lui un lieu et des habitudes qui lui étaient devenues très familiers.
Vous pouvez créer un rituel en organisant une petite fête à la fin de la maternelle avec son cercle de copains. Cela ne signifie pas que votre enfant ne les reverra plus, mais il est fréquent que les uns et les autres soient inscrits dans des écoles élémentaires différentes : ils ne se retrouvent donc pas forcément à l'entrée en CP. Si votre enfant est séparé de ses meilleurs amis, faites en sorte de garder le lien par la suite.

La fête de fin de maternelle

Une telle fête offre la possibilité de revoir les copains de maternelle et de jouer ensemble aux jeux préférés qui datent de cette période.

- Pour préparer la fête, qui doit avoir lieu de préférence le jour qui précède l'entrée à l'école élémentaire, passez en revue avec votre enfant toutes les activités qui étaient les siennes en maternelle : quels jeux a-t-il préféré et quelles étaient les activités qu'il aimait le plus ? Il peut s'agir d'activités manuelles, sportives ou bien d'éveil musical avec le souvenir de quelques chansons apprises. Vous pouvez ainsi organiser la fête et inviter les copains avec lesquels votre enfant a le plus joué l'année précédente.
- Vous pouvez également inviter les enfants qui comptaient beaucoup pour lui pendant la première année de maternelle, même s'il les a moins côtoyés par la suite. Ces petits ont également joué un rôle important pendant cette période.
- Pour insister sur l'entrée à la grande école, à la fin de la fête, vous pouvez composer le nom de tous les enfants avec des petits biscuits en forme de lettres. Chacun a ensuite le droit de les manger ou de les rapporter chez lui.
- Les enfants auront peut-être envie, avec l'aide des adultes, d'écrire leurs adresses sur une feuille de papier et de faire un dessin à côté. Vous pourrez copier ultérieurement ce document et l'envoyer aux autres parents. Vous pouvez aussi faire une photo de groupe amusante et en tirer plusieurs exemplaires.

CONSEIL

Essayez d'imaginer avec votre enfant ce que la petite souris peut bien faire des dents de lait. Les transforme-t-elle en ce petit cadeau que l'on trouve sous l'oreiller le lendemain matin ? À moins qu'elle ne les collectionne pour se fabriquer ensuite un très joli collier...

L'adieu aux dents de lait

La chute des dents de lait est une manifestation extérieure qui marque ce passage de la maternelle vers l'école élémentaire. Les premières dents définitives, les « dents de la grande école », généralement les incisives, commencent à percer. Dans beaucoup de familles, les dents qui tombent sont déposées le soir sous l'oreiller, tandis que pendant la nuit, la petite souris vient les chercher en laissant derrière elle un petit cadeau. Il peut s'agir d'une jolie pierre, d'une friandise ou de quelques sous.

Le premier jour de grande école

Fêtez ce jour important en ayant recours à quelques jolis rituels qui feront la joie de votre enfant.

- Comme en Allemagne, remplissez un cornet à ras bord de sucreries, de petits jouets (petites voitures, peluches, autocollants rigolos) et de quelques souvenirs chers du temps de la maternelle.
- Vous pouvez faire imprimer, photocopier ou bien commander par Internet des autocollants avec le nom et l'adresse de votre enfant. D'une part, ils seront utiles, car il pourra les coller sur toutes ses affaires de classe et, d'autre part, il se sentira vraiment grand et pris au sérieux parce qu'il aura des autocollants à son nom.
- Vous pouvez organiser un repas avec votre enfant, ses deux parents et ses grands-parents pour fêter l'entrée à la grande école.

Surmonter les crises

Outre les phases de développement difficiles qu'un enfant connaît, il traverse dans son quotidien des petites et des grosses crises. Les conflits, les disputes, les maladies, les angoisses et les moments de tristesse : tout cela fait partie de sa vie et vous ne pouvez ni ne devez les lui épargner complètement. Une crise qu'il parvient à surmonter le rend plus fort. Aidez-le à vivre ces périodes compliquées et montrez-lui votre amour et votre sollicitude en ayant recours aux rituels.

Conflits et compromis

Dès que des individus vivent ensemble, ils sont confrontés un jour ou l'autre à des conflits. C'est surtout le cas en famille. Ceux qui le nient vivent dans une harmonie apparente qui n'est pas moins nuisible que les disputes permanentes, et ce sont surtout les enfants qui souffrent durablement quand règnent les non-dits. En outre, ils ne peuvent apprendre à gérer les conflits.

Il est préférable de régler les désaccords qui surviennent et de faire en sorte que personne n'ait à refouler son chagrin, son énervement ou sa colère. Les enfants apprendront ainsi à se disputer dans le cadre protégé de la famille.

Si vous observez quelques règles importantes, les discussions orageuses pourront être suivies d'un calme plat. Pour conclure, les différences d'opinion alimentent la vie de famille : l'esprit reste alerte et la connaissance de soi-même et des autres est stimulée.

Des disputes loyales

Pour exploiter au maximum les aspects positifs de chaque discussion, nous avons besoin d'une culture de la dispute qui aide à remettre les conflits sur des rails constructifs. Une juste culture de la dispute permet également de respirer de nouveau après une explosion, de sorte que le climat familial ne soit pas perturbé des jours durant. Personne ne devrait se sentir blessé moralement lors d'un désaccord.

Vous pouvez instaurer un rituel qui favorise une culture de la dispute. Une réunion familiale (voir page 99) peut, par exemple, constituer le cadre du rituel. Quoiqu'il arrive, chacun des membres devrait pouvoir exprimer ses opinions, mais également être à l'écoute des points de vue des autres. En fonction de ce qui a été débattu, la réunion devrait s'achever par un compromis, une réconciliation ou par des excuses.

Servir d'exemple

C'est seulement si vous parvenez à vous confronter aux autres et à transformer un conflit émotionnel en une discussion constructive que vos enfants pourront parvenir à faire de même et à apprendre à se disputer loyalement. Ces derniers enregistrent très précisément la manière dont leurs parents se comportent en cas de désaccord. Vous pouvez par exemple faire un jogging autour de la maison (sans pour autant fuir le conflit !) ou bien inspirer un bon coup au lieu d'exploser et d'exprimer des paroles blessantes. Vos enfants apprendront ainsi à reconnaître leurs erreurs et à faire des excuses.

Surmonter les maladies

Chaque enfant attrape toute une série d'infections et de maladies infantiles, au plus tard à partir de l'entrée en maternelle. Ils sont exposés à de nombreux agents pathogènes qui les clouent régulièrement au lit. Bien que ces moments soient désagréables, aussi bien pour les enfants que pour leurs parents, ils sont nécessaires. Les défenses immunitaires doivent travailler et le système immunitaire a besoin d'être renforcé.

Les enfants en souffrent évidemment, et parfois même beaucoup. Quant aux parents, ils ne sont pas moins épargnés, car il n'est pas facile de voir son enfant souffrir sans pouvoir, apparemment, l'aider beaucoup.

Les rituels ont une action thérapeutique

Vous n'êtes toutefois pas si impuissant que vous le pensez. Si vous ne pouvez pas supprimer la maladie, vous pouvez du moins accompagner votre enfant d'une autre façon. Car dès qu'il est malade, l'enfant exprime le besoin de recevoir plus d'affection que d'habitude. Donnez-lui cette part supplémentaire d'amour et chouchoutez-le avec de tendres rituels.

IMPORTANT
Ne chouchoutez pas votre enfant seulement quand il est souffrant, mais faites-le de temps à autre. Sinon il pourrait tomber malade rien que pour que vous vous occupiez de lui.

Rituels destinés aux enfants malades ou blessés

> Préparez-lui son repas favori. Vous pouvez même l'autoriser à manger au lit avec un oreiller dans le dos et un plateau sur les jambes. Rien n'est plus agréable !

- Accordez du temps à votre enfant et massez-le doucement, lisez-lui des histoires et jouez avec lui.
- Vous pouvez également souffler sur le bobo pour qu'il disparaisse…
- Donnez-lui un grand morceau de tissu qui lui servira à essuyer ses larmes quand il sera malade ou quand il aura mal quelque part.
- Vous pouvez couvrir ses blessures avec un pansement surdimensionné ou un sparadrap coloré. Cela peut également être utile quand votre enfant a mal au ventre ou ailleurst.
- La musique aide aussi à rendre plus supportable une journée au lit. Mais si votre enfant est plus âgé, qu'il n'est pas très malade et qu'il doit rester quelques heures à la maison tout seul parce que ses deux parents travaillent, vous pouvez lui enregistrer une histoire le soir sur CD ou avec un dictaphone. Il sera content d'entendre votre voix quand il sera seul pendant la journée.

CONSEIL

Vous vous souvenez peut-être des rituels que vos parents instauraient quand vous étiez souffrant. Reprenez-les pour vos enfants : « C'est ce que faisait Mamie lorsque j'étais malade… »

CHANSON POUR CONSOLER EN CAS DE MALADIE

Pour consoler votre enfant malade, vous pouvez lui chanter des chansons humoristiques sur le thème de la maladie. Par exemple, vous-même écoutiez sûrement Anne Sylvestre quand vous étiez petit. L'une des ses « fabulettes » s'intitule « Si le renards tousse ». Ou encore, essayez cette petite comptine, que vous pouvez accompagner de la gestuelle suivante : tenez les mains de votre enfant sur les deux premiers vers, puis faites tourner vos mains comme des marionnettes sur le dernier.

« Un petit bonhomm' s'en allant au bois
Quand il revenait, il disait chaqu'fois
Atchoum ! Atchoum ! Atchoum ! Atchoum !
Atchoum ! »

Comment mieux supporter le lit

Vous n'êtes pas obligé de passer votre temps auprès du lit de votre enfant. Voici quelques idées qui l'aideront à s'occuper tout seul.

> Il peut tout à fait jouer au lit avec des marionnettes. Avec ses poupées, quelques oreillers et du tissu, il pourra même monter un spectacle dont il vous fera profiter.

> Rassemblez les photos de bébés de votre famille (de vous, de votre enfant, de ses frères et sœurs, des tantes et de la grand-mère…) et laissez-le les regarder. Plus tard, vous pourrez essayer de deviner ensemble à qui sont ces bébés.

> Votre enfant peut aussi faire des activités manuelles au lit. Donnez-lui un plateau qui lui servira de support.

> Les enfants aiment généralement beaucoup coudre. Ils adorent coudre des boutons. S'il est encore un peu jeune, donnez-lui une aiguille à bout arrondi pour qu'il ne se pique pas. Quand il sera suffisamment à l'aise avec le fil et l'aiguille, procurez-lui des morceaux de tissu qu'il pourra assembler : coupez par exemple deux morceaux de pantalon et de robe avec lesquels il pourra fabriquer un vêtement pour sa poupée ou sa peluche.

> Dans de vieilles revues, votre bambin peut découper des photos d'aliments qu'il collera sur des assiettes en carton. Il pourra ainsi servir à manger à ses poupées et peluches. Peut-être cela lui ouvrira-t-il l'appétit !

La peur du médecin

Il vous arrive souvent – et mieux vaut deux fois qu'une – d'emmener votre enfant chez le pédiatre. S'il redoute ces moments, il peut y avoir plusieurs raisons à cela :

Souvent les angoisses des parents se reportent sur les enfants, surtout celle du dentiste. De même, les petits ressentent aussi quand

CONSEIL
En jouant au médecin avec une poupée ou une peluche, votre enfant peut assimiler plus facilement une visite chez le pédiatre.

les parents ont un respect excessif des hommes en blanc. Quand ils sont encore tout jeunes, ils redoutent le « docteur » avec lequel ils ont un contact physique très proche. Les nombreux instruments dans la salle de consultation ne sont pas moins effrayants. Pour aider votre bambin à chasser sa peur, vous pouvez lui acheter une mallette de médecin vous permettant de vous examiner mutuellement – de préférence en blouse blanche. Beaucoup d'enfants emportent leur jouet préféré ou leur doudou chez le pédiatre : cela les rassure énormément.

Surmonter les angoisses

Les peurs et les angoisses, tout comme les maladies, font partie de la vie des enfants. La peur naturelle est indispensable à la survie de l'être humain, car elle l'empêche de s'exposer à des dangers mortels. Toutefois, il existe des angoisses extrêmes qui gâchent la vie en ayant sur elle une influence négative (voir encadré page 86). Dans ce cas, il est préférable de consulter un psychologue.
Si votre enfant a des angoisses qui font partie d'un cadre normal, si elles sont passagères et ne génèrent pas de symptômes physiques, vous pouvez tout à fait l'aider vous-même.

TROUBLES DE L'ANXIÉTÉ CHEZ L'ENFANT

Les symptômes suivants résultent de troubles de l'anxiété qui nécessitent la consultation d'un pédopsychiatre :

- Les accès de panique répétés pendant lesquels l'enfant perd contenance.
- Les réveils nocturnes fréquents, liés à des angoisses.
- L'énurésie pendant une période prolongée.
- Le fait de se cacher les yeux ou de se boucher les oreilles pour éviter de voir ou d'entendre.
- Le fait de se cramponner continuellement à un doudou.
- Les problèmes gastro-intestinaux sans cause médicale identifiable.
- Le fait de se ronger les ongles.
- Le bégaiement.
- Le refus de manger.
- Les angoisses extrêmes déclenchées par le contact avec d'autres enfants (ou des adultes).

Gérer les angoisses

Il est fréquent que les enfants aient peur du noir, des personnes qu'ils ne connaissent pas, de certains animaux et de rester seuls. Ils compensent généralement en suçant leur pouce ou bien en serrant un doudou dans leurs bras. Si la peur est plus forte, prenez au sérieux la réaction de votre enfant, même si vous n'en comprenez pas forcément la raison. La peur est une réaction émotionnelle et non rationnelle. Elle ne se laisse pas raisonner ou maîtriser par un « Ressaisis-toi ! ». Pour apaiser votre enfant, il vous faut être présent et compréhensif. Il surmontera ses angoisses avec des expériences concrètes.

Il ne faut pas éviter les situations qui effraient votre enfant, mais au contraire l'y confronter. S'il a peur des chiens, discutez-en avec lui et aidez-le à surmonter progressivement son angoisse. Prenez-le par la main ou dans vos bras et approchez-vous doucement d'un gentil chien du voisinage. Vous n'aurez sans doute pas de résultats tout de suite, mais cela viendra – à condition que vous n'ayez pas vous-même peur des chiens. Si c'est le cas, votre enfant le sentira : laissez alors quelqu'un d'autre faire le travail d'approche.

Les rituels d'apaisement

Quand il est confronté à la peur, votre enfant a besoin d'être apaisé et rassuré pour se sentir de nouveau protégé.

- Prenez-le sur les genoux, enlacez-le et câlinez-le.
- Vous pouvez aussi lui raconter vos propres angoisses quand vous étiez petit. Il aura alors le sentiment d'être compris. Cela lui montrera aussi que la peur est tout à fait normale et passagère.
- S'il a peur du noir, laissez la porte entrouverte et allumez une veilleuse.

IMPORTANT

Un enfant qui entend constamment « Fais attention » ne sera pas incité à être courageux. De plus, les directives, les menaces et les interdictions en excès donnent des personnes angoissées.

Conjurer les angoisses

Les enfants ont une telle imagination qu'ils peuvent s'inventer des histoires épouvantables, et croire aussi à certaines forces qui les protègent. Utilisez cette faculté en faisant appel aux anges gardiens et aux forces magiques.

- Si votre enfant a peur du noir, disposez une pierre magique qui le protégera près de son lit. À moins que le gros ours ne veille sur lui, près du lit ou de la porte.
- Un talisman protège votre enfant n'importe où. Il peut s'agir d'un joli caillou ou d'une figurine. Enfilez l'objet en question sur une chaîne que vous attacherez autour de son cou, à moins que vous ne le glissiez dans sa poche. En le lui donnant, dites-lui : « Chaque fois que tu as besoin de courage, prends ce caillou dans ta main ». Cela fonctionne aussi bien pour les devoirs scolaires que pour descendre chercher un pot de confiture à la cave.
- Certains enfants s'inventent un ami ou un grand frère invisible qui les prend par la main dans la rue et les protège. Laissez-leur ce compagnon virtuel et prenez leur besoin de sécurité très au sérieux !
- Sifflez-vous ou bien fredonnez-vous un air quand vous êtes seul dans la cave ou dans la forêt ? Si c'est le cas, racontez-le à votre enfant. Il sera sans doute séduit par l'idée. En outre, il est rassurant de savoir que les grands ont aussi quelquefois des angoisses.

L'arrivée d'un frère ou d'une sœur

La naissance d'un frère ou d'une sœur génère des sentiments mitigés chez les enfants. S'ils se réjouissent de l'arrivée d'un futur camarade de jeux, ils sont rapidement en prise à d'autres réactions. Certains expriment très ouvertement leur mécontentement ou bien refusent radicalement de partager leur trône avec quelqu'un d'autre. Même si vous prenez les sentiments de votre enfant très au sérieux, ne désespérez pas s'il profère des invectives, des menaces ou s'il vous demande de déménager chez sa grand-mère. En général, tout cela rentre dans l'ordre quand le bébé est arrivé.

Toutefois, la joie qu'il peut ressentir avant la naissance se dissipe tout aussi rapidement, car, dans les faits, il se sent détrôné : du jour au lendemain, il perd l'attention non partagée de ses parents. Il est compréhensible que cela déclenche une multitude de sentiments qui se répercutent plus ou moins fortement sur la relation avec le nouveau venu : l'envie, la jalousie et la rivalité se mêlent à l'amour et à la sollicitude. Un enfant doit parvenir à gérer ce déferlement de sentiments si, pendant cette période, il reçoit suffisamment d'attention et d'affection – tout comme le bébé. S'il n'est pas assez choyé, l'aîné risque de réagir en faisant de l'énurésie (pour redevenir un tout-petit) ou bien en exigeant d'être de nouveau nourri par ses parents.

Il est fréquent que le père se charge de s'occuper davantage de l'aîné : voilà une belle chance qui s'offre à eux de passer beaucoup de temps ensemble.

Quoi qu'il en soit, votre « grand » a besoin d'être accompagné pour pouvoir mettre de l'ordre dans ses sentiments, car avec un frère ou une sœur, un enfant doit à la fois s'affirmer, partager et résoudre des conflits.

LA JALOUSIE EST QUELQUEFOIS UNE QUESTION D'ÂGE

Si vous voulez planifier l'écart d'âge entre vos enfants, sachez que beaucoup de psychologues préconisent un écart de quatre ans pour atténuer les sentiments de jalousie. Dans ce cas, le plus grand est moins en demande d'attention de la part des parents que quand était plus jeune. Il a déjà noué un certain nombre de contacts en maternelle et, en outre, il n'est plus dans la phase du « non ». Toutefois, il n'existe pas d'écart d'âge « idéal ». Car celui-ci ne détermine pas la relation ultérieure entre les frères et sœurs.

Le petit devient le grand

Le rôle de grand frère ou de grande sœur s'apprend. Cet apprentissage est facilité quand l'aîné reçoit suffisamment d'attention de la part de ses parents. Insistez donc sur le fait que vous êtes fier de lui quand il fait quelque chose de bien. De même, avant la naissance, vous pouvez le laisser sentir les mouvements du bébé dans votre ventre. Expliquez-lui la manière dont grandit son frère ou sa sœur. Faites-le également participer aux préoccupations pratiques : Où placer la table à langer ? Comment informer les voisins et les amis de la naissance ? Quand le bébé est là, laissez votre aîné participer aux soins s'il le souhaite : il peut vous aider quand vous changez le petit, que vous le nourrissez et que vous le mettez au lit. D'ailleurs, il peut s'occuper aussi bien de ses poupées que vous du nourrisson. Favorisez les contacts entre les frères et sœurs : montrez à votre « grand » qu'il peut caresser le « petit », le regarder dans les yeux et lui chanter une chanson… Il recevra vite un grand sourire en retour !

ASTUCE

Laissez quelquefois votre aîné redevenir un tout-petit : donnez-lui à manger et autorisez-le à boire au biberon. Il en sera très heureux, mais il aura très vite envie de retrouver son rôle de grand.

Vivre un deuil

Les enfants traversent des crises particulièrement pénibles quand une personne de leur entourage proche meurt. Dans notre société, la confrontation avec la mort est très difficile, parce que c'est encore un sujet tabou.
La perte d'un être cher est évidemment un coup malheureux du destin qui peut faire basculer bien des individus, et on ne peut rien y changer.

Appréhender le sujet de la mort

Quoi qu'il en soit, on ne devrait pas refouler l'idée de la mort ni en faire un tabou. Passer la mort sous silence est un vrai problème, surtout pour les enfants. La tristesse a besoin d'être exprimée et le deuil vécu – ce qui demande du temps. Plus vous parviendrez à en parler ouvertement et à évoquer votre propre tristesse avec votre enfant, plus vous lui éviterez de refouler ses sentiments. Le refoulement de douleurs affectives profondes peut avoir de fâcheuses conséquences : un enfant peut même se sentir responsable de la mort de quelqu'un !

Pour ne pas en arriver à cette extrémité, abordez le sujet de la mort le plus normalement possible et transmettez à votre enfant que le fait de mourir est quelque chose de naturel. Mais pour parvenir à le consoler, il faudrait que vous ayez vous-même une certaine conception de la mort.

Accompagner le processus de deuil avec des rituels

La tristesse est un sentiment profond. Les larmes en sont une expression tout à fait naturelle et elles doivent couler abondamment – chez les adultes aussi. Voici ce que vous pouvez faire :

- Donnez à votre enfant l'occasion de dire au revoir à la personne décédée, par exemple lors de l'enterrement – si vous estimez qu'il est suffisamment mûr.
- Si votre enfant ne parvient pas (encore) à parler de sa tristesse, dites-lui ce que vous ressentez ou ce que vous avez ressenti dans une situation similaire.
- Votre enfant peut exprimer sa tristesse en dessinant ou en jouant avec des marionnettes, seul ou bien avec son père ou sa mère.
- Conservez bien les habitudes et les rituels quotidiens, car ils permettront à votre enfant de constater que la vie continue, en dépit du deuil qui vient de le frapper.
- Montrez-lui que la mort n'est pas synonyme d'oubli : parlez ensemble de vos souvenirs, regardez des photos, allez au cimetière.
- N'oubliez pas que le deuil prend du temps ! Mais si, au bout de plusieurs mois, votre enfant ne peut toujours pas parler de l'événement, se ferme et se retire en lui-même, consultez un pédopsychiatre pour l'aider à faire son deuil.

PETIT ANIMAL – GRANDE TRISTESSE

La mort d'un être cher n'est pas la seule à être vécue de manière dramatique par les enfants. Les animaux sont des amis et des « personnes de référence » importantes. La séparation est douloureuse. Si l'animal de votre enfant meurt, enterrez-le ensemble dans le jardin si vous en avez un, ou demandez à quelqu'un de votre famille si vous pouvez disposer d'un petit bout de son terrain pour ce faire (selon les dispositions du règlement sanitaire de votre département). Votre enfant peut fabriquer une croix ou bien déposer un caillou ou quelques fleurs sur sa tombe.

DES MOMENTS PARTICULIERS

Le temps libre partagé ensemble, les jours particuliers, les fêtes et les rituels font plaisir à tout le monde et renforcent l'unité familiale.

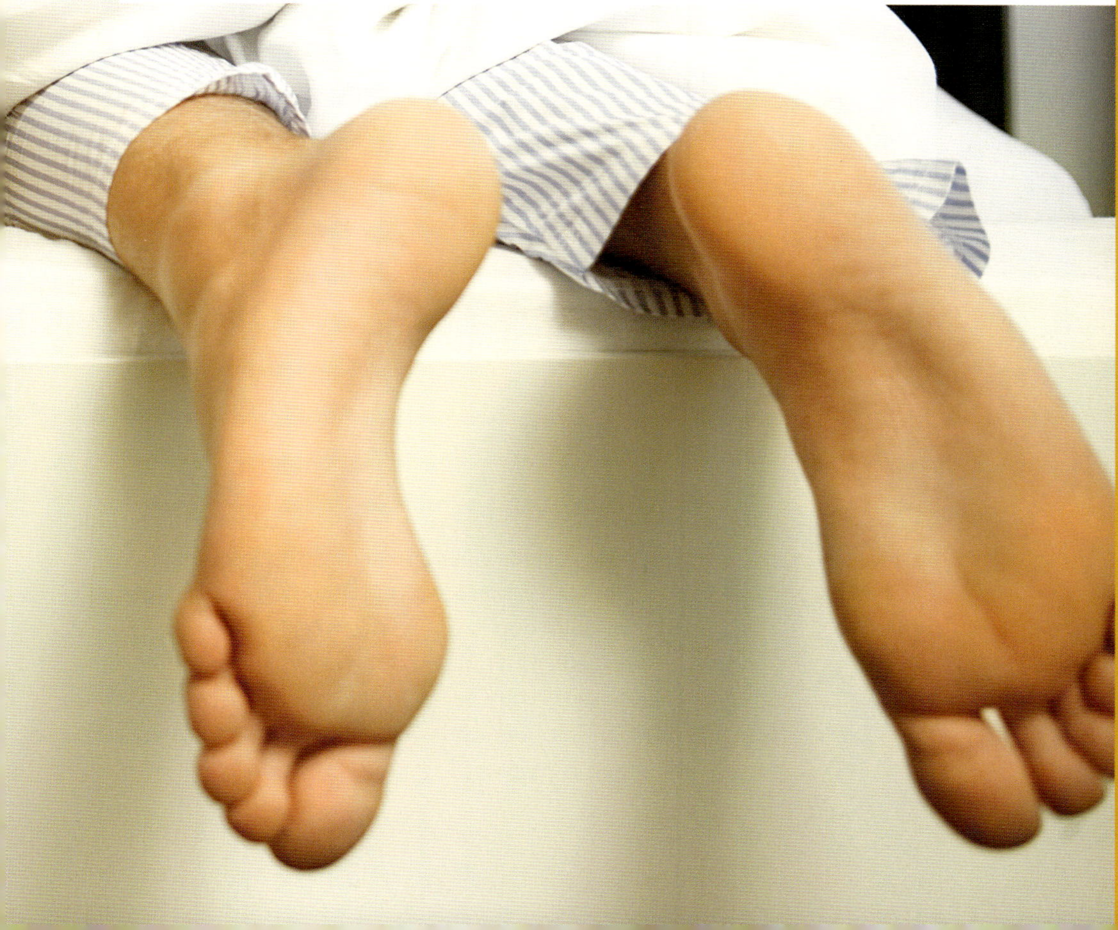

Ritualiser la vie de famille

Pour les jeunes enfants, le cadre principal est celui de la famille. Celle-ci n'est pas toujours classiquement composée du père, de la mère et des enfants. Il est fréquent qu'un enfant vive seul avec un seul parent : ils constituent à eux deux également une famille. Pendant la semaine, la famille est rarement au complet étant donné qu'un parent, voire les deux, travaille et que les enfants vont à la crèche, chez la nounou ou à l'école. Les rituels ont donc généralement lieu le week-end.

Les dimanches

Le week-end est à la semaine ce que les vacances sont à l'année : le temps du repos et le contraire du quotidien. Il est donc important de vivre le week-end d'une manière tout autre que la semaine afin de satisfaire pleinement les besoins des uns et des autres. Vous pouvez créer un rituel qui annonce le week-end, qui vous aide à déconnecter et à vous reposer plus rapidement – cela vaut autant pour les grands que pour les petits. Vous pouvez prendre un bain relaxant ou bien changer de vêtements. Il paraît normal que ceux qui s'habillent chic la semaine pour aller travailler puissent se mettre en tenue décontractée le week-end. Dans le cas inverse, la belle tenue du dimanche peut être de mise.

Un jour particulier

Le dimanche (ou un autre jour qui réunit tous les membres de la famille) ne devrait pas être employé à rattraper tout ce qui n'a pas été fait pendant la semaine. Il est évidemment préférable d'organiser la réunion familiale (voir page 99) le dimanche que pas du tout, mais cela risque de prendre beaucoup de temps. Les enfants se réjouissent à la perspective du dimanche parce que les membres de la famille sont enfin au complet et ils peuvent avoir des projets communs. Si les parents sont séparés, le dimanche est consacré à celui qui est absent pendant la semaine. Dans ce cas aussi, ce jour bien particulier est un vrai jour de fête pour votre enfant. Veillez donc à consacrer une journée à la famille et à la célébrer avec des rituels particuliers.

Les rituels du dimanche que les enfants apprécient

Aujourd'hui, c'est dimanche ! Une journée sans stress, pendant laquelle chacun peut se laisser aller à son propre rythme.

- Les enfants peuvent venir le matin dans le lit des parents. C'est le moment des câlins, des chatouilles et du chahut, qui peut se terminer par une bataille d'oreillers.
- Sur la table de la salle à manger se trouve une coupelle avec quelques cacahuètes et raisins secs pour calmer les petites faims. L'argent de poche est disposé à côté.

CONSEIL

Le vendredi soir, vous pouvez instaurer un rituel qui marque la coupure entre la semaine et le week-end. Ce peut être la soirée pizza. Tout le monde sait alors que le week-end commence !

LES RITUELS DU WEEK-END RÉSERVÉS AUX PARENTS

Les parents ont peu de temps à se consacrer l'un à l'autre. Il n'est d'ailleurs pas rare que les couples traversent des crises. Réagissez avant que cela ne vous arrive : ayez recours aux rituels pour vous organiser des moments rien que pour vous deux. Faites appel à une baby-sitter le samedi soir ou bien prévoyez un après-midi chez les grands-parents pour les enfants. Ces derniers peuvent également aller chez des amis. Restez plus longtemps au lit le dimanche matin et préservez ce moment à deux. Il est également très important pour les enfants que les parents forment un couple solide. De plus, à travers vous, ils apprennent comment entretenir une relation.

- Pour le petit-déjeuner, on prépare une belle table. On mange des aliments différents, par exemple un œuf à la coque ou un pain au chocolat.
- Le fait de petit-déjeuner en pyjama est apprécié par beaucoup de familles.
- Le petit-déjeuner peut être très copieux et agréable. Il est possible que le brunch du dimanche fasse partie de la culture familiale. C'est l'occasion de planifier les activités de la journée.
- Les enfants ont ensuite la possibilité de jouer sur l'ordinateur ou de regarder des dessins animés.
- Après le déjeuner, qui s'achève par un délicieux dessert, c'est le moment de la sortie familiale que les enfants adorent, surtout quand il s'agit de découvrir un nouvel endroit.
- Le soir, on peut aussi organiser un jeu avec tous les membres de la famille.

Le dimanche est pour tout le monde !

Tous les membres de la famille doivent pouvoir trouver leur compte le week-end : se reposer, faire la grasse matinée et se consacrer à ses propres activités. De plus, les rituels du dimanche ne sont pas destinés à remplir toute la journée, mais plutôt à la cadrer et à permettre des activités communes.

> Annoncez le plus tôt possible que vous voulez dormir le dimanche matin avant que la bataille d'oreillers ne commence. Si vous vous tenez aux autres projets de la journée, vos enfants vous laisseront certainement tranquille.
> Si vous devez cuisiner tous les midis ou tous les soirs, laissez les autres s'en charger le dimanche ou bien allez déjeuner dehors.
> Il ne faut pas forcer non plus les enfants à faire la promenade obligatoire ou d'autres activités imposées.
> Afin que tout le monde y trouve son compte, chacun doit pouvoir donner son avis sur le programme de la journée. Les enfants plus jeunes peuvent choisir parmi plusieurs activités proposées.

ASTUCE

Chacun a besoin d'un jour pour soi afin de se consacrer à ses propres activités, à ses envies, et pas seulement le dimanche. Fixez des jours où des moments pendant lesquels chacun des membres de la famille décide de ce qu'il veut faire, avec ou sans les autres.
Voici quelques exemples : le mercredi après-midi est le jour du fils. Il a envie de jouer au train électrique avec sa mère et sa sœur.
Le jeudi après-midi est celui de la mère. Elle souhaite poursuivre la lecture de son roman policier. C'est ainsi que, même dans les familles nombreuses, chacun peut trouver un moment qui lui est consacré, tout en respectant celui des autres.

CONSEIL : Comme un dimanche

Si vous vivez avec votre enfant, mais que celui-ci passe le week-end avec son autre parent, vous devriez prévoir avec lui un moment particulier pendant la semaine qui vous permette de rompre avec la routine du quotidien. Peut-être avez-vous la possibilité de passer ensemble le mercredi après-midi pour aller à la piscine, au zoo ou faire du patin à glace. Il faudra alors vous arranger pour conserver cet après-midi particulier rien que pour vous deux !

Avec un seul parent

Les week-ends des enfants de parents séparés sont quelque peu différents. Pendant ces deux jours, les petits sont souvent chez le parent qui est absent la semaine. Dans ce cas aussi les rituels sont importants pour empêcher les frustrations de part et d'autre au moment de la séparation.

Un week-end à deux

Si vous ne voyez votre enfant que le week-end, vous pouvez organiser le samedi comme un jour de semaine : votre bambin fait ses devoirs chez vous, vous rangez la maison ensemble et vous allez faire les courses. Cela vous permettra de vivre un peu de quotidien avec lui et pas seulement une relation de week-end.

Mon papa rien que pour moi

Nombreux sont les enfants qui voient à peine leur père pendant la semaine. Ils veulent donc l'avoir rien que pour eux pendant le week-end. Cela vaut surtout quand il y a plusieurs frères et sœurs. Profitez du samedi pour faire des activités avec l'un d'eux : emmenez-le au cinéma, faire des courses ou du patin à glace – et le samedi suivant, occupez-vous d'un autre de vos enfants.

Trouver ses propres traditions familiales

Pour que les membres de la famille vivent ensemble et non chacun de son côté, également pendant les périodes plus agitées, les moments partagés sont importants. Car le fait de discuter les uns avec les autres est un véritable rituel, et sans doute celui qui compte le plus dans les relations humaines et les communautés.

Chez nous, on avait l'habitude de...

Réfléchissez à ce que votre famille représente et à son identité. Voyez quelles sont vos habitudes familiales quotidiennes, les fêtes, les symboles qui vous sont propres, comme la manière de vous saluer. Chaque famille a des traditions, des rituels, des week-ends, un quotidien et des vacances qu'elle organise à sa façon. Cultivez ces particularités afin que vos enfants puissent dire un jour : « Dans notre famille, on avait l'habitude de… ».

Conseil de famille

Les rituels permettent de planifier des rencontres familiales fixes et régulières. Celles-ci peuvent avoir lieu à l'heure du dîner ou du petit-déjeuner ou bien l'après-midi à un moment où tout le monde se réunit autour de la table, à l'heure du goûter par exemple. Cela permet à chacun de discuter des choses importantes dans un cadre familier et agréable et de ne pas vivre les uns à côté des autres sans être au courant de ce qui concerne chacun. Cette réunion devrait permettre de discuter des problèmes, mais aussi des choses banales du quotidien. Chacun doit avoir la possibilité de raconter ce qu'il a fait et ce qui le préoccupe.

Un conseil familial ne doit pas ressembler à un procès où l'on questionne et juge chacun. Cette rencontre doit être décontractée, mais avoir lieu dans un cadre agréable et particulier – de préférence quotidiennement. Si cela n'est pas possible pendant la semaine, organisez-la une fois par semaine pendant le week-end.

NOTRE FAMILLE SE RETROUVE POUR...

- que chacun sache comment vont les autres,
- que chacun puisse formuler ses demandes,
- que chacun puisse dire comment il se sent,
- discuter,
- écouter ce que chacun a à raconter,
- traiter des problèmes,
- parler des choses positives,
- résoudre les conflits ensemble.

C'EST INCROYABLE !
D'après le résultat d'études scientifiques, la pratique de la musique développe l'intelligence, la créativité et les facultés de communication – même au sein de la famille.

Le lien musical

Peut-être avez-vous l'habitude de jouer de la musique en famille, chacun sur son instrument. Si vous jouez vous-même d'un instrument, il vous sera plus facile d'initier votre enfant à la musique. Des instruments bricolés à la maison, comme un tambour, une crécelle ou une flûte… suffisent largement au début. Si vous pensez ne pas avoir l'oreille musicale ou ne pas avoir trouvé moyen d'accéder à la musique, le moment est venu. Votre enfant se moque de savoir si vous chantez juste ou si vous maîtrisez parfaitement un instrument. Il aime tout simplement la musique et les rythmes !
La plupart des enfants ont du plaisir à faire de la musique. Outre les instruments que vous pouvez fabriquer vous-même, comme une crécelle (balle de ping-pong dans un fouet de cuisine) ou un tambour (boîte de lessive couverte de papier sulfurisé), vous pouvez leur proposer un harmonica, un xylophone – et tous les instruments que vous avez en votre possession. Ils leur permettront de faire leurs premières expériences musicales.

Excursions en famille

Votre enfant veut découvrir le monde. Si vous en tenez compte dans votre organisation, l'excursion commune (du dimanche) peut être une vraie réussite pour tout le monde. Elle ne sera pas ennuyeuse si vous avez en tête certaines choses, comme le fait qu'un jeune enfant doit faire beaucoup plus de pas qu'un adulte. Il ne faut donc pas qu'il marche avec vous, mais que vous marchiez avec lui. Vous devez tenir compte de son rythme, ne pas le tirer et lui laisser du temps pour explorer le bord du chemin.
Un jeune enfant a besoin de pauses et de s'arrêter – par exemple le temps du goûter dans une belle prairie. Prévoyez pour les plus petits une poussette pliante ou un porte-bébé. Votre enfant pourra ainsi se reposer, regarder le paysage ou s'endormir quand il aura suffisamment marché.

Se promener sans s'ennuyer

Il est intéressant de se promener en faisant des découvertes de toutes sortes et en multipliant les plaisirs.

- Modifiez régulièrement le rythme de la marche : marchez en canard, sautez au-dessus des dalles, faites un sprint, sautez à cloche-pied – votre enfant vous suivra avec enthousiasme.
- Les histoires passionnantes et les conversations intéressantes animent la promenade, de même que le fait de chanter tous ensemble.
- Sur le chemin, partez à la recherche de petits trésors, comme des fleurs, de beaux cailloux ou des feuilles originales que vous pouvez rapporter à la maison.
- Faites des petits jeux de temps en temps pour stimuler votre enfant. Par exemple, quelqu'un fait une action que les autres imitent, comme sauter par-dessus deux pavés, se balancer sur un muret, sauter à pieds joints, etc. N'oubliez pas d'intervertir les rôles.
- Indiquez à votre enfant les différentes étapes du trajet : derrière le tournant se trouve une boulangerie. Vois-tu le feu de signalisation devant nous ? Penses-tu qu'il sera rouge ou vert quand nous l'aurons rejoint ?
- Cherchez ensemble des objets particuliers : essayons de trouver une maison sans toit (avec un toit plat). Vois-tu une voiture verte ? Je vois une fenêtre ouverte avec un chat – toi aussi ?
- Comptez les pas que vous faites jusqu'à un certain endroit. Ou bien calculez le temps que vous mettez.
- Attirez l'attention de votre enfant sur un bruit particulier. En ville, il y a beaucoup de bruits que nous ne discernons pas à cause du brouhaha. On peut former l'oreille en se concentrant sur certains bruits : le chant d'un oiseau, le cri d'un enfant, le camion dans la rue ou la musique qui provient d'une fenêtre ouverte.

CONSEIL

Ce qui rend une promenade intéressante :

- Un guide d'identification des plantes ou des animaux
- Une carte de randonnée ou un plan de ville
- Une boussole
- Une loupe
- Des jumelles
- Un chronomètre
- Des boîtes en plastique vides avec des couvercles et des sacs (pour les trésors ramassés)

En route pour la forêt

Les excursions en forêt peuvent être un vrai plaisir, favoriser l'activité physique, développer les sens et offrir la possibilité de faire de nombreuses expériences.

- Tous ensemble, soyez attentifs aux bruits, au chant des oiseaux, aux aboiements des chiens, au frémissement des feuilles et au clapotis des ruisseaux. Produisez vous-même des sons : renvoyez un écho, faites bruisser le feuillage, cassez une branche, imitez le chant des oiseaux.
- Cherchez des traces d'animaux, des fruits des bois et des plantes particulières. Utilisez un guide d'identification pour éveiller la curiosité. Vous pouvez examiner et comparer les feuilles et les espèces d'arbres.
- N'oubliez pas d'emporter la loupe. Elle vous permettra d'observer bien plus précisément les fleurs, les insectes, l'écorce des arbres, les feuilles, les cernes des arbres abattus, les traces d'animaux ou les cailloux. Vous trouverez page 101 tout ce dont vous pouvez avoir besoin pour une balade en forêt.
- Arrêtez-vous pour faire une pause à certains endroits : observez la vue panoramique qui s'offre à vous, grimpez dans un arbre, arrêtez-vous sur le pont, regardez en bas ou bien lancez des cailloux dans l'eau.
- Vous aurez peut-être l'occasion d'observer un ou plusieurs animaux. N'oubliez pas de prendre des jumelles pour que votre enfant puisse tout voir.

BOTTES DE CAOUTCHOUC ET ATTIRAIL DE PLUIE

Il n'y a pas de mauvais temps, mais plutôt des vêtements inadaptés. Ne vous privez pas d'excursions agréables à cause de la pluie : habillez tout le monde en conséquence et partez en balade. Quel plaisir de piétiner dans les flaques et sur le sol humide de la forêt, de chercher l'abri des grands arbres, de marcher dans la boue et de glisser sur les feuilles. Dans les grandes flaques ou les ruisseaux, votre enfant peut également faire naviguer son petit bateau (qu'il aura fabriqué). Il peut aussi se servir de l'écorce des arbres s'il n'a rien d'autre. Ne vous refusez pas ce plaisir partagé uniquement à cause de la saleté et des pieds mouillés ! Personne ne regrettera de n'être pas resté à la maison les uns sur les autres !

Faire le tour du monde à la maison

Les vacances familiales annuelles comptent parmi les rituels les plus riches. Vous pouvez y préparer votre enfant en organisant des petits jeux autour du voyage :

- Partez en voyage au fil de votre imagination en profitant d'un jour de pluie ! Prenez une mappemonde et voyagez avec le doigt – vous pourrez ainsi tracer la route du dernier ou du prochain voyage.
- Faites ensemble le tour du monde avec un doigt. Partez de l'endroit où vous habitez et faites le tour de la terre. Combien de temps vous faudrait-il ? Quels moyens de transport utiliseriez-vous ? Combien de mers traverseriez-vous ?
- Faites tourner la mappemonde. Votre enfant ferme les yeux et l'arrête en posant le doigt dessus. Dans quel pays est-il arrivé et sur quel continent ? Quelle langue y parle-t-on ? Quels animaux y vivent ? Vous trouverez une multitude d'informations dans un atlas pour enfants. Compulsez-le ensemble et regardez les photos de nombreux pays.
- Pour étudier précisément la route à suivre lors du prochain voyage, vous aurez besoin d'une carte routière. Vous pouvez suivre ensemble avec le doigt les routes qui vous mèneront à bon port.

Les rituels au fil de l'année

Les anniversaires, Noël, Pâques, Carnaval, Halloween… les occasions de faire la fête sont nombreuses. Grâce aux rituels, les fêtes deviennent des événements inoubliables – en petit ou en grand comité. Elles sont l'occasion de réunir la famille ou les amis. Les enfants s'y préparent plusieurs semaines à l'avance. C'est pour cela que le déroulement régulier des saisons les sécurise et leur donne une impression de continuité.

Les enfants apprécient particulièrement les fêtes quand elles se déroulent toujours de la même façon, c'est-à-dire en respectant les mêmes rituels. En effet, ils aiment les traditions qui leur sont chères et ils veillent à ce que le jour de leur anniversaire se déroule selon le même rituel et à ce que le Père Noël dépose les cadeaux ainsi qu'il l'avait fait l'année précédente. Cela vaut également pour les adultes : grâce aux rituels, les fêtes deviennent des moments inoubliables dont on se souvient toute sa vie.

Célébrer les fêtes comme elles viennent

La plupart des fêtes sont familiales. Pour les enfants, Noël, Pâques et les anniversaires se déroulent en famille. Ces fêtes renforcent le sentiment d'appartenance et soulignent la signification de la famille. Autrefois, le copieux déjeuner du dimanche réunissait toute la famille (élargie). Pendant que les adultes discutaient, échangeaient les nouvelles et traitaient des problèmes, les enfants jouaient ensemble.

Fêter autrement

Aujourd'hui, non seulement les familles ne vivent plus à trois ou quatre générations sous le même toit, mais en plus elles sont dispersées géographiquement. Toutefois, il y a toujours des occasions de réunir tout le monde, mais elles se limitent aux mariages, aux baptêmes et aux enterrements. Peut-être avez-vous envie que cela change. Pourquoi ne pas organiser une grande réunion à la Toussaint ou à la Pentecôte ? En général, tout le monde est libre à ces dates-là. De même les fêtes qui sortent de l'ordinaire, organisées dans le cadre de la famille réduite, et qui deviennent des institutions sont des événements forts qui renforcent les liens.

ASTUCE

La prochaine fois que vous prévoyez de participer à une grande fête familiale, dessinez un arbre généalogique : vous pouvez préparer le schéma avec vos enfants et commencer les ramifications. Pendant la fête, les enfants pourront questionner les membres de la famille et poursuivre l'arbre généalogique. Peut-être l'oncle connaîtra-t-il le petit-neveu de l'arrière-grand-père, et la grand-mère l'année de naissance de l'arrière-grand-mère du côté paternel ? Voilà une bonne manière d'amuser tous les participants et de faire remonter de nombreux souvenirs et anecdotes. Chacun se réjouira sans doute d'avoir une copie de l'arbre généalogique.

Vous pouvez par exemple en organiser une systématiquement le dernier jour des vacances pour clore ce temps agréable passé ensemble. Un repas particulièrement festif ou bien une sortie au restaurant sont des moments bien vécus. Ces rituels individuels renforcent les liens familiaux.

L'anniversaire de l'enfant

L'anniversaire représente pour tout enfant le temps fort de l'année. Ce jour-là, en effet, tout tourne autour de lui : il peut exprimer ses souhaits et ses exigences et il est le roi incontesté. Pour une fois, c'est lui qui décide. Mais ce qu'il désire le plus, c'est que le rituel qui lui est cher se déroule comme les années précédentes. En ce jour anniversaire, il est possible que la famille se lève plus tôt pour tout préparer. Ensemble, on chante une sérénade auprès du lit de l'enfant.

> Après quoi chacun des membres de la famille peut offrir son cadeau, à moins que ces derniers ne soient disposés sur la table du petit-déjeuner avec un bouquet de fleurs, car les cadeaux constituent également un rituel important !

CONSEIL

Voici une règle facilement applicable et qui marche bien : le nombre des enfants conviés correspond à l'âge de votre enfant. Vous n'aurez ainsi pas trop de monde à la maison, même si vous avez un invité de plus chaque année.

CHANSON D'ANNIVERSAIRE

Bon anniversaire
Nos vœux les plus sincères
Que ces quelques fleurs
Vous apportent le bonheur
Que l'année entière
Vous soit douce et légère
Et que l'an fini
Nous soyons tous réunis

- Le gâteau avec ses bougies allumées ne doit pas manquer non plus sur la table d'anniversaire. L'enfant arrive et souffle les bougies. Après le petit-déjeuner et l'ouverture des cadeaux, chacun se rend au travail ou à l'école.
- À midi, si l'enfant rentre à la maison pour déjeuner, il a droit à son repas et à son dessert préférés. Mais l'anniversaire ne s'arrête pas là : le mercredi ou le samedi après-midi suivant votre enfant invitera ses amis à la maison et vous aidera à préparer la fête en proposant des idées.

Le grand jour se poursuit

Quand tous les petits invités sont là, ils peuvent éventuellement chanter ensemble une sérénade pour souhaiter un joyeux anniversaire à leur hôte. À l'heure du goûter, ils se réunissent tous autour du gâteau d'anniversaire, qui est servi sur la table avec des jus de fruits divers et variés et des bonbons. Puis vient l'ouverture des cadeaux : les invités s'assoient par terre, tandis que l'enfant dont c'est l'anniversaire ouvre les paquets et remercie chacun de ses copains.

Pendant les mois d'été, vous pouvez organiser la fête à l'extérieur en prévoyant éventuellement un jeu de piste (voir page 112) ou bien des stands, tenus par les frères et sœurs plus âgés, des amis ou des parents, et proposant des concours divers et variés, par exemple une activité de lancer avec des boîtes ou des gobelets et une balle, une course à l'œuf avec des cuillères à café et des œufs, et bien d'autres encore. L'après-midi peut même avoir lieu dans un parc. On se retrouve ensuite pour déguster le gâteau sous les arbres, ce que les enfants apprécient particulièrement.

Jeux pour la maison

- Colin-maillard : le chasseur a les yeux bandés, et les chassés tournent autour de lui en évitant de se faire toucher. Si le chasseur réussit à toucher un autre joueur, ce dernier s'immobilise et laisse le chasseur lui toucher le visage pour essayer de l'identifier. S'il y arrive, le joueur reconnu prend la place du chasseur. Il est important de jouer dans un espace sans obstacle pour que l'enfant qui a les yeux bandés ne se blesse pas.
- Les chaises musicales : disposez des chaises (une de moins que le nombre de joueurs) dossier contre dossier. Mettez de la musique. Les joueurs évoluent autour des chaises. Dès que vous interrompez la musique, chaque joueur doit essayer de s'asseoir sur l'une d'elles. Celui qui reste debout est mis hors jeu. Retirez une chaise à chaque tour. Le gagnant est celui qui s'assoit sur la dernière chaise.
- Le jeu de la statue : tous les joueurs dansent au rythme de la musique que vous mettez. Brusquement, vous l'interrompez et les joueurs doivent s'immobiliser aussitôt et se transformer en statue. Ceux qui bougent encore quand il n'y a plus de musique sont éliminés. Le gagnant est le dernier qui reste sur la piste de danse.
- Happer les saucisses cocktail et les rondelles de carotte : suspendez à un cordon autant de saucisses cocktail et de rondelles de carotte que d'enfants présents. Deux adultes tiennent les extrémités du cordon au-dessus de la tête des enfants en le faisant bouger un peu.

POUR LES ENFANTS NÉS L'HIVER

Même s'il fait froid dehors, s'il neige ou s'il pleut, une petite promenade ponctuée de jeux peut procurer beaucoup de plaisir à tout le monde (voir pages 101 et 114). De retour à la maison, vous pouvez poursuivre la fête en préparant une pizza par exemple : les enfants pétrissent la pâte, préparent les ingrédients, remuent la sauce tomate et garnissent la pâte.

- Mots croisés en petit comité : préparez un mot croisé en interrogeant les joueurs sur les aspects importants de la vie de l'enfant dont c'est l'anniversaire et en faisant deviner les noms des personnes de sa famille. Vous devez tous participer à la résolution des énigmes.
- Puzzle : faites ensemble un puzzle conçu à partir d'une photo de votre enfant. Pour cela, demandez dans un magasin de photocopies de vous confectionner un puzzle, voire deux, si vous voulez organiser un concours en constituant deux groupes.

Une belle fin de journée

La soirée est généralement réservée à la famille. Les grands-parents peuvent éventuellement passer pour apporter leurs cadeaux. À moins que vous ne préfériez que la journée se termine calmement. Vous pouvez alors raconter à votre enfant comment il est venu au monde en regardant l'album de photos. Il vous posera beaucoup de questions sur le miracle de sa naissance.

ASTUCE

La fête des ballons : Glissez un ballon de baudruche dans les cartes d'invitation. Décorez le gâteau d'anniversaire avec des ballons en pâte d'amande. Décorez le salon avec des ballons de baudruche que vous faites adhérer au plafond en les frottant simplement contre de la laine.

Jeux avec des ballons : Organisez une course en coinçant la ficelle d'un ballon gonflé entre les orteils. Vous pouvez aussi attacher un ballon gonflé à la cheville des petits invités qui s'amuseront à essayer de faire exploser celui des autres.

CONSEIL : La table des saisons

Faites prendre conscience à votre enfant du déroulement des saisons en l'illustrant à la maison. Optez par exemple pour la tradition de la table des saisons, un rituel issu de la pédagogie Waldorf. Vous n'avez pas besoin d'une table spéciale. Une étagère ou le rebord d'une fenêtre suffit pour y recevoir les fleurs, les branches et les fruits de la saison.

Au printemps, la vie s'éveille

Le printemps qui approche réveille des envies. Pour les petits comme pour les grands, cela signifie que l'on profite de nouveau de la nature, de la croissance des plantes, de la chaleur et de la lumière !

La table au printemps

Les fleurs printanières ne doivent pas manquer sur la table, surtout les beaux narcisses jaunes et les tulipes de toutes les couleurs. Les branches de forsythia et de saule peuvent servir à accrocher les œufs colorés de Pâques.

Les rituels de Pâques

La fête de Pâques qui est très importante permet de fêter l'arrivée du printemps. Chaque année, nous fêtons – comme presque tous les peuples du monde – le retour de la lumière, de la chaleur et de la verdure en ce dimanche qui suit la première pleine lune du printemps. L'hiver, le froid et les journées courtes sont enfin derrière nous.

Pâques n'est pas une fête uniquement réservée aux chrétiens, car la résurrection du Christ coïncide avec la fête du réveil de la vie et de la nature, ainsi qu'avec la fête de la fécondité. Pourquoi ne pas piocher parmi les coutumes de Pâques et du printemps quelques rituels qui pourront être adaptés à la famille ? En voici quelques exemples :

- Peut-être votre famille se prive-t-elle de friandises pendant la période du carême qui précède Pâques ?
- Vous pouvez préparer un petit-déjeuner de Pâques festif avec un gâteau en forme d'agneau et des œufs durs que vous aurez décorés ensemble.
- N'oubliez pas de décorer la table avec un bouquet de branches de saule ou d'autres arbres à fleurs en accrochant dessus des œufs que vous aurez vidés et décorés.

Les jeux de Pâques autour de l'œuf

La chasse à l'œuf est le temps fort de la fête de Pâques dans toutes les familles. Après que les enfants ont trouvé les œufs cachés dans la maison ou le jardin, vous pouvez organiser des jeux amusants. Utilisez de préférence des œufs durs ou en chocolat.

- Concours d'œufs : les joueurs se tiennent côte à côte près d'un terrain en pente. Chacun fait rouler son œuf. Celui dont l'œuf roule le plus loin a gagné.
- L'œuf sur la cuillère : tous les joueurs avancent en tenant une cuillère à café avec un œuf posé dessus. Celui qui arrive au but sans avoir fait tomber son œuf a gagné.
- Pétanque à l'œuf : disposez un œuf dur à une certaine distance des joueurs. Chacun d'eux essaye d'approcher la cible le plus près possible en lançant un petit œuf en chocolat. Celui qui gagne remporte tous les œufs lancés.

CONSEIL

Au lieu de chercher les œufs dans la maison ou le jardin, organisez la chasse au cours d'une promenade. Partez à l'avant avec une corbeille remplie d'œufs et cachez-les entre les racines, les branches des arbres, sous des grosses pierres ou dans les fleurs. Vos enfants vous suivent à distance et remplissent leurs petits paniers. Donnez-leur quelques indices !

En été, la nature est verdoyante

L'été nous apporte suffisamment de chaleur, de lumière et de soleil et répond précisément aux besoins de tous ceux qui se sont morfondus pendant le long hiver. L'envie est forte de passer beaucoup de temps à l'extérieur et de traîner sur les terrasses des cafés ou sur le balcon. Même les enfants ont du mal à rester dans la maison. Ils veulent jouer dehors au ballon, à la corde à sauter et à cache-cache. Ils sont nombreux à apprécier de pouvoir se rafraîchir de temps en temps dans une bassine d'eau disposée dans le jardin ou sur le balcon.

Vous pouvez dès lors entreprendre de nombreuses balades avec eux, faire de la randonnée, du vélo ou nager. N'oubliez pas d'emporter le pique-nique. De même, vos petits se réjouiront autant que vous à la perspective d'un barbecue.

CONSEIL

Lors d'une belle soirée d'été, faites une promenade de minuit avec vos enfants. Emportez des lampes de poche et un livre d'identification des étoiles.

La table des saisons en été

En été, vous pouvez trouver beaucoup de choses dans la nature. Décorez la table avec des bouquets de céréales et une coupe de fruits, notamment des baies. Vous avez également le choix parmi les fleurs. Par ailleurs, les vacances offrent la possibilité de collectionner les cailloux, les coquilles d'escargot, les coquillages… qui serviront à la décoration de la table de l'été.

Jeu de piste

À l'occasion d'une promenade, vous pouvez organiser pour les enfants un jeu de piste en vélo ou à pied. Prenez soin de faire le parcours un peu avant pour cacher les indices. Sinon, un adulte ou un enfant plus âgé doit passer devant.

Cachez des indices (devinettes ou messages codés écrits sur des feuilles de papier et mis sous enveloppe) à des distances variables. Lorsque les enfants les découvrent, vous pouvez éventuellement les aider à les déchiffrer en leur donnant des indications supplémentaires. Donnez-leur aussi des consignes amusantes comme : « Asseyez-vous sur la souche de l'arbre et chantez comme un oiseau avant de repartir ». À la fin du parcours, l'excitation sera à son comble si vous distribuez une carte pour partir à la recherche du fameux trésor. Celui-ci peut être un petit cadeau ou bien, plus simplement, le sac de pique-nique.

Les aventures de l'été

La vie estivale en plein air fait du bien à l'âme ! Les fêtes ne sont plus indispensables : elles peuvent être remplacées par des excursions à l'extérieur.

- Il n'y a pas véritablement de fêtes traditionnelles pendant l'été en France, à l'exception de celle du solstice d'été, avec les feux de la Saint Jean, qui a lieu le 24 juin (fête nationale du Québec). Les familles se retrouvent le soir autour d'un grand feu qu'elles allument. Mais la fête de la musique (le 21 juin) peut aussi être l'occasion d'une agréable sortie en famille. Et il y a par contre de nombreuses fêtes régionales ; renseignez-vous dans la région où vous résidez ou dans celle où vous passerez vos vacances.
- Les enfants plus âgés peuvent avoir envie de dormir sous la tente dans le jardin. Ils ont alors la possibilité d'observer les étoiles par une claire nuit d'été.
- Vous pouvez instaurer le rituel suivant : chaque année, pendant le week-end qui précède ou qui suit le solstice d'été, quand les jours sont les plus longs, autorisez vos enfants à dormir sous la tente dans le jardin.

Les jeux pour la route

Faire des rimes !

Qui sera capable de faire les meilleures rimes ou d'en trouver qui seront adaptées aux mots difficiles ? Par exemple :

Maman : « Le grand capitaine… »
Papa : « souffre de migraines… »
Enfant : « monte sur son bateau… »
Autre enfant : « et coule le radeau. »

Les plaques d'immatriculation

Les plaques d'immatriculation des automobiles permettent de faire toutes sortes de jeux. On peut deviner à quels pays ou départements elles se réfèrent, puis resituer ces derniers sur une carte. À moins que l'on ne s'amuse à additionner ou à multiplier les chiffres.

Les plaques minéralogiques françaises vont bientôt changer, mais on pourra néanmoins toujours essayer de deviner le département qu'aura choisi le propriétaire ; on pourra aussi deviner les pays des voitures étrangères, puis les resituer sur une carte. À moins qu'on ne s'amuse à additionner ou à multiplier les chiffres, ou à trouver un mot contenant toutes les lettres de la plaque d'immatriculation dans l'ordre (exemple : « inaccessible » pour NCS).

Concours de brin d'herbe

Pour les promeneurs ou bien pour ceux qui font des pauses sur l'autoroute : chaque joueur cherche un brin d'herbe, le plus long possible. Un joueur tient les deux extrémités de son brin d'herbe entre les doigts. Un autre passe le sien dans la boucle formée par le premier brin et maintient les deux extrémités. Les deux joueurs tirent d'abord doucement, puis plus fermement jusqu'à ce que l'un des brins se casse. Le gagnant est celui dont le brin reste entier.

En automne, une explosion de couleurs

L'automne est la saison qui permet de passer de l'été à l'hiver. Il faut se préparer à moins de chaleur et de soleil. Les jours raccourcissent et l'on s'occupe davantage à l'intérieur. Toutefois, les promenades sont particulièrement belles à cette saison.

La table de l'automne

Vous pouvez orner votre table de feuillages colorés et de fruits. Les cucurbitacées sont particulièrement décoratives. N'oubliez pas les bouquets de céréales, les fruits à coque, les marrons et les glands.

La fête des vendanges

Déjà chez les Romains, les vendanges donnaient lieu à des réjouissances et à des manifestations populaires. Aujourd'hui, un peu partout dans les villes et les villages, on organise la fête des vendanges à la fin du mois de septembre ou en octobre au moment où la récolte du raisin touche à sa fin. C'est l'occasion pour les adultes de déguster du vin et pour les enfants de boire du jus de raisin ou de goûter à ce fruit délicieux. Même dans les grandes villes comme Paris, on célèbre cette fête chaque année à Montmartre, près du Sacré-Cœur. Cela peut être une opportunité de montrer à vos enfants comment le raisin se transforme en vin. Des activités sont prévues pour les occuper : manèges et jeux divers.

ASTUCE

Vous pouvez organiser la fête des vendanges avec vos voisins. Organisez un bon repas et décorez la table d'une corbeille de fruits bien garnie, sur laquelle trônera le raisin. Ce rendez-vous peut être l'occasion de sympathiser davantage avec le voisinage, et pour les enfants la possibilité de jouer ensemble. Certaines cours d'immeuble se prêtent particulièrement bien à ce genre de réunions. Pour dresser la grande table, utilisez des tréteaux et une planche de bois. Chacun apportera un plat qu'il aura préparé selon sa recette préférée.

Halloween

La fête des citrouilles et des esprits, qui nous vient des Etats-Unis, était à l'origine une coutume celte. Les Celtes croyaient que dans la nuit du 31 octobre au 1er novembre, le voile qui sépare le monde des esprits du monde réel devenait extrêmement fin. Pour éviter le retour des morts, ils les effrayaient en donnant des coups, en faisant du feu et en portant des masques terrifiants. Avec le temps, cette fête est devenue celle des enfants, pendant laquelle ils ont le droit de faire peur aux adultes et deviennent les plus forts. En Europe, cette fête s'impose de plus en plus du point de vue commercial. Elle est très appréciée, même chez les petits de maternelle. En outre, elle raccourcit l'attente avant Noël.

CONSEIL

Peut-être permettrez-vous à vos enfants de faire sonner le réveil pendant la nuit. Ils pourront alors se déguiser en fantômes et faire le tour de la maison pour vous effrayer.

Bricolages d'automne

En automne, la nature offre de nombreuses possibilités de faire des activités manuelles :

- Ramassez avec vos enfants des glands, des marrons et des fleurs et fabriquez des colliers ou des petits personnages amusants.
- Pour réaliser un cerf-volant, il vous faut deux lattes de bois étroites de longueurs différentes, une baguette courte, du papier de soie, de la colle à bois, de la colle universelle et une bobine de fil de pêche. Incisez les extrémités des lattes au couteau, disposez-les en croix et collez-les au point d'intersection. Consolidez avec du fil. Tendez le fil entre les extrémités de la croix, en l'insérant dans les fentes. Sur le cadre ainsi obtenu, posez un morceau de papier un peu plus grand, que vous rabattez sur le fil de pêche et collez à la colle universelle. Fixez au milieu de la croix le restant du fil enroulé autour de labaguette.
- Halloween nécessite absolument la présence d'une citrouille avec des yeux qui brillent à la fenêtre : coupez le haut de la citrouille pour en faire un couvercle, puis videz-la (avec la chair, vous préparerez une soupe délicieuse !). Avec un couteau pointu, découpez les yeux, le nez et la bouche. Disposez une bougie chauffe-plats à l'intérieur et reposez le couvercle.

La fête des lanternes

Saint Martin, qui était évêque de Tours, a joué un grand rôle dans la christianisation de la Gaule, et notamment dans le nord de la France et des Flandres. Selon la légende, il portait la bonne parole sur les côtes flamandes, à dos d'âne. Il aurait perdu son âne, parti brouter ailleurs, alors qu'il tentait d'évangéliser un petit village de pêcheurs au bord de la mer, aujourd'hui Dunkerque. À la nuit tombée, les enfants sont partis à la recherche de l'âne en tenant des lanternes à la main et ont fini par le retrouver dans les dunes. Pour remercier les enfants, Saint Martin fit un miracle et transforma toutes les petites crottes de l'âne en brioches, que l'on appelle craquandoules, voolaeren, coquilles ou pains de Jésus. Chaque année, le 10 novembre au soir, le défilé de la Saint-Martin a lieu à Dunkerque ainsi que dans les villes avoisinantes, de même qu'en Belgique et en Allemagne. Les enfants défilent derrière l'âne dans les rues en tenant des lanternes et en chantant des chansons en l'honneur de saint Martin. La lumière émise par les lanternes symbolise aussi bien la lumière dans les cœurs que la chaleur dont on a besoin en cette saison où les jours raccourcissent. Les lanternes sont fabriquées avec du papier ou bien même avec des betteraves à sucre que l'on vide en leur donnant la forme d'une tête et dans lesquelles on insère une bougie. À la fin du défilé, chaque enfant reçoit une brioche.

Les rituels de la Saint-Martin

Un petit rituel s'impose pour commémorer saint Martin, qui, d'après la tradition, a partagé son manteau en plein hiver avec un mendiant.

- Les enfants peuvent rendre visite aux personnes âgées et à celles qui vivent seules pour leur apporter des gâteaux qu'ils auront préparés eux-mêmes.
- Ils peuvent faire un tri parmi leurs jouets et donner tous ceux qu'ils n'utilisent plus à une association qui se chargera de les envoyer dans les pays en voie de développement ou qui les distribuera à des enfants dans le besoin.

CONSEIL
Afin que les oiseaux aient suffisamment à manger pendant l'hiver, voyez avec votre enfant si le nichoir que vous leur avez fabriqué ensemble dans le jardin ou sur le balcon contient suffisamment de graines. Parlez-lui aussi des oiseaux migrateurs qui sont partis passer l'hiver en Afrique !

L'hiver : la période des fêtes

L'hiver est la saison pendant laquelle on festoie le plus. Les raisons à cela tombent sous le sens : le manque de lumière et de chaleur, de soleil et de joie de vivre estivale se fait cruellement sentir. Or les fêtes sont destinées à compenser en partie ces carences. C'est bien pour cela que la lumière romantique des bougies de la période de l'Avent vient remplacer la lumière du soleil et la chaleur. En hiver, le regard est tourné vers l'intérieur. On se retire en soi-même pour se reposer et reprendre des forces. Les enfants apprécient aussi beaucoup cette atmosphère. Toutefois, ils sortent volontiers quand le temps devient vraiment hivernal et qu'il neige : ils retrouvent alors leurs patins à glace, leur luge et construisent des bonshommes de neige !

La table de l'hiver

Si la nature est plutôt nue en hiver, elle permet toutefois de décorer la table. Allez couper quelques branches de gui et de conifères et ramassez des pommes de pin. Dès la première semaine de l'Avent, vous pouvez fabriquer la fameuse couronne et commencer à installer à la crèche. Ajoutez des étoiles et des boules de Noël.

La période de l'Avent

La période de l'Avent annonce l'approche de Noël. Avent signifie « arrivée » et marque le début de l'année liturgique. Ces quelques semaines permettent aux enfants de se préparer aux fêtes de Noël.

Les beaux rituels de l'Avent

Voici quelques rituels très traditionnels !

- En Alsace et en Allemagne, on prépare les petits biscuits de Noël tout au long du mois de décembre. On réalise de délicieux petits sablés en forme d'étoile, de sapin ou de Père Noël qui exhalent des parfums de cannelle, d'anis ou de cardamome, de clous de girofle ou de vanille. Les enfants aident à la préparation en pétrissant, en roulant et en découpant la pâte. Puis ils garnissent les biscuits de sucre glace ou de chocolat.

- Toujours dans l'Est, on confectionne ce qu'on appelle la couronne de l'Avent, qui est faite de branches de sapin. Elle est ornée de quatre bougies, de rubans, de pommes de pin et de fruits séchés. Les bougies symbolisent les quatre semaines qui précèdent Noël. Elles expriment aussi les quatre saisons de l'année et les quatre périodes de la vie. La tradition veut qu'on allume une bougie chaque dimanche qui précède Noël. Le soir de Noël, les quatre bougies allumées évoquent la lumière et la renaissance du soleil. Cette tradition réjouit petits et grands.
- Le calendrier de l'Avent permet également de mieux supporter l'attente de Noël. Vous pouvez en confectionner un vous-même, ce qui ne sera pas pour déplaire à vos enfants, bien au contraire ! Procurez-vous 24 petites boîtes d'allumettes ou cousez des petites pochettes en tissu que vous fixez tout simplement sur un cordon épais. Ce calendrier présente l'avantage de pouvoir être utilisé plusieurs années de suite. Il vous suffit de remplir les boîtes d'allumettes ou les pochettes de petites surprises.
- L'installation de la crèche est un rituel festif auquel les enfants aiment bien participer. Vous pouvez la rendre plus « vivante » si vous déplacez les personnages au fur et à mesure. C'est ainsi qu'au début, la Sainte Famille est éloignée de l'étable, alors que les animaux s'y trouvent déjà. Elle s'en approche peu à peu, mais c'est seulement la veille de Noël qu'elle y entre. Jésus arrive évidemment au dernier moment, tandis que les rois mages ne l'atteignent que le 6 janvier. Vous pouvez de cette manière raconter l'histoire de Noël à vos enfants.

CONSEIL : Un calendrier de l'Avent différent

Sur un gros panneau de liège recouvert d'un tissu rouge et orné de branches de sapin, accrochez chaque soir, quand vos enfants seront couchés, une surprise de Noël. Il peut s'agir de cartes de Noël, d'un dessin que vous aurez fait vous-même, d'une clochette, d'une boule de Noël ou d'une branche de gui.
Vos enfants auront grand plaisir à découvrir la surprise le matin. Le soir, vous pouvez éventuellement leur raconter une histoire.

La Saint-Nicolas

Saint Nicolas, connu encore comme saint Nicolas de Myre ou saint Nicolas de Bari, naquit en Asie Mineure entre 250 et 270 après J.-C. et mourut le 6 décembre (345 ou 352). Depuis le Moyen Âge, la Saint-Nicolas est célébrée dans l'est et le nord de la France, ainsi que dans plusieurs pays d'Europe. C'est le saint patron des Lorrains, des Russes, des Fribourgeois… et, entre autres, des écoliers !

Les rituels de la Saint-Nicolas

> Le 5 décembre au soir, les enfants déposent leurs souliers devant la porte de la maison (avec des carottes et des sucres pour la mule ainsi qu'un verre de vin pour saint Nicolas), et le lendemain matin, ils découvrent des friandises, des cadeaux ou bien des fruits laissés par saint Nicolas, qui passe de maison en maison pendant la nuit.

> Parfois, saint Nicolas vient en personne féliciter l'enfant ou bien le gronder gentiment s'il a fait des bêtises. Il ne doit en aucun cas être trop sévère, car il pourrait faire très peur à vos enfants. Même les enfants plus âgés, qui reconnaissent les chaussures de leur oncle sous la tenue du saint, restent très attachés à leurs croyances. Ne les privez pas de cette fascination pour les figures mythiques.

> Jadis, on fabriquait des petits bateaux en papier ou dans d'autres matériaux que l'on donnait à saint Nicolas, car il est aussi le saint patron des marins.

CONSEIL : Le repas de Noël
Selon la tradition, on prépare la fameuse oie ou dinde farcie pour le repas de Noël, laquelle est souvent précédée de foie gras ou d'huîtres. Mais le clou du repas, c'est évidemment la bûche de Noël, mets favoris des enfants qui se régalent quand le dessert est servi !

Noël, l'apogée

Ce n'est pas un hasard si la fête de Noël, qui commémore la naissance du Christ (dont la date est en réalité inconnue), est célébrée au moment du solstice d'hiver. À cette période, en effet, la nature s'éveille. Les jours rallongent et se réchauffent doucement. C'était l'occasion pour nos ancêtres païens de faire la fête. Les lumières du sapin de Noël commémorent donc un rituel issu d'un temps très lointain : au sommet des collines, ils allumaient un feu le jour du solstice d'hiver pour exprimer leur joie à la perspective du retour du soleil, de la chaleur et de la lumière.

Les rituels de Noël

Dans notre pays, Noël est sans aucun doute la fête familiale la plus importante. Elle est célébrée dans les familles selon les traditions adoptées par chacun. L'essentiel est que l'atmosphère soit calme et festive.

- On choisit ensemble le sapin de Noël que petits et grands décorent. Généralement, on allume les guirlandes lumineuses le soir de Noël.
- Le soir du réveillon, nombreux sont ceux qui vont à la messe de minuit, laquelle peut avoir lieu quelques heures avant. Dans la plupart des familles, on prépare un repas de fête très particulier : la dinde farcie est pratiquement incontournable.
- Avant la distribution des cadeaux, vous pouvez lire aux enfants l'histoire de Noël ou bien chanter ensemble des chants de Noël. Chacun a mis sa plus belle tenue. Tout le monde s'embrasse et se souhaite un joyeux Noël.
- Pour les enfants, la distribution des cadeaux est le temps fort de la soirée. Ils ont peut-être écrit (avec votre aide) une lettre au Père Noël – et pas seulement une liste de cadeaux – que vous vous serez discrètement appropriée. Le Père Noël s'est évidemment efforcé de leur faire plaisir. Votre enfant sera fou de joie quand il découvrira ses cadeaux. Il est important que les paquets soient ouverts les uns après les autres par les membres de la famille pour que l'intérêt soit partagé.
- Beaucoup de familles célèbrent Noël avec toute la famille réunie : les grands-parents, les oncles, les tantes et les petits-enfants.

CONSEIL

Arrangez-vous pour que, pendant l'heure qui précède la distribution des cadeaux, les enfants aillent dans leur chambre. Pendant ce temps, les parents peuvent allumer les bougies et déposer les paquets au pied du sapin. Sonnez la cloche pour les avertir que le Père Noël est passé.

LES BONNES RÉSOLUTIONS

Les bonnes résolutions ne sont pas réservées aux adultes. Pourquoi ne pas profiter de ce moment de l'année pour en faire une liste avec vos enfants ? Demandez-leur quels bons moments ils souhaiteraient vivre l'année à venir et, pour ceux qui sont réalisables, essayez de les plannifier ensemble, en choisissant deux ou trois souhaits (un week-end dans un parc d'attractions, apprendre à faire du vélo sans les petites roues, organiser une grande fête avec les cousins...). Faites de ce moment un instant ludique plutôt que d'en profiter pour réprimander votre enfant (l'année prochaine, il faudra mieux ranger sa chambre, aider à mettre la table...).

La fin de l'année

Le passage d'une année à l'autre était jadis perçu comme un moment très inquiétant. Personne ne voulait rester seul et dormir à l'heure des revenants. Nos ancêtres voulaient chasser les mauvais esprits en faisant beaucoup de bruit. Ils permettaient ainsi aux bons esprits de venir apporter chance et santé. Aujourd'hui encore, on célèbre quelquefois le Nouvel An avec un feu d'artifice. Ce jour magique a un pouvoir particulier : il suffit de penser à toutes les bonnes résolutions qu'il nous donne l'occasion de prendre.

Le Nouvel An avec les enfants

Généralement, les jeunes enfants dorment pendant la nuit de la Saint-Sylvestre, mais en grandissant, ils essayent de rester éveillés et de participer à la fête. Contrairement au réveillon de Noël, cette fête n'est pas uniquement familiale : on se retrouve souvent entre amis. Quoi qu'il en soit, la soirée est longue. Instaurez donc quelques rituels adaptés à l'occasion et qui amuseront les uns et les autres :

- Le repas est souvent simple (on ne fait pas beaucoup de cuisine), mais il est composé de mets délicieux, comme le foie gras et les huîtres. Les enfants ont droit à leurs mets préférés.
- Les papillottes de Noël (les crackers de nos voisins anglais) ont un réel succès : deux enfants tirent sur une extrémité, ce qui les déchire avec un bruit de pétard et révèle un petit cadeau, et parfois une maxime inscrite sur un petit papier.
- Passez ensemble en revue l'année qui vient de s'écouler : les bons moments, ceux qui étaient tristes et plus difficiles. Chacun exprime ensuite ses vœux pour la nouvelle année. Vous pouvez aussi les écrire, les plier et les jeter dans une rivière ou les faire s'envoler dans un ballon de baudruche.
- La télévision diffuse des émissions destinées aux enfants, ce qui peut les occuper un petit moment.

Carnaval

Avant l'ère chrétienne, le carnaval correspondait à la fête du Nouvel An, car janvier et février achevaient l'année, et l'année nouvelle commençait avec le printemps. On chassait l'hiver et les mauvais esprits avec des danses et des chants primitifs, ainsi que des masques terrifiants qui servaient également à transcender la peur qu'on avait des esprits des morts.

Les rituels du carnaval

Encore aujourd'hui, la plupart des enfants et de nombreux adultes aiment bien se déguiser et porter des masques dans les villes qui fêtent carnaval.

- L'un des plus grands plaisirs réside dans le fait de réfléchir à son déguisement. Les enfants peuvent choisir par exemple parmi les thèmes « zoo », « pirates et marins » ou « jungle ». Certaines villes organisent un défilé. Les petits apprécient beaucoup de pouvoir y participer ou regarder en étant eux-mêmes déguisés. Ils en profitent pour ramasser les bonbons qui sont lancés par les fenêtres des chars qui passent.
- Ayez à disposition une malle de déguisements contenant toutes sortes de tissus, des vieux vêtements, des chapeaux, des perruques et des chaussures. Elle permettra à votre enfant de venir se servir et de laisser libre cours à son imagination, même en dehors des périodes de carnaval.

Redécouvrir le carême

Le mardi gras achève le carnaval. Il est suivi du mercredi des Cendres qui ouvre la période du carême, laquelle dure 40 jours, et se termine le vendredi Saint. À notre époque, le jeûne peut avoir une signification particulière. Nous-mêmes et nos enfants vivons dans la profusion et mangeons (presque) tout ce que nous voulons. Pour faire prendre conscience à vos enfants de la chance qu'ils ont, vous pouvez décider avec eux de vous priver de friandises pendant le carême. Ils dégusteront avec d'autant plus de plaisir les œufs de Pâques et les poules en chocolat qu'ils en auront été privés pendant quelques semaines.

RÉGAL DE BEIGNETS

Au temps des Romains, on aimait déjà les beignets ! Pendant le carnaval et avant le carême, il est possible de trouver dans les boulangeries d'Alsace
toutes sortes de beignets. Ils sont encore meilleurs dans les boulangeries des villages. Profitez-en pour faire une promenade et vous régaler de ces délicieuses pâtisseries.
Et si les beignets ne sont pas une spécialité de votre région, n'oubliez pas de célébrer la chandeleur par un délicieux repas de crêpes !

Index